新版 東京さわやか散歩 1

41コース

新版 **東京さわやか散歩** 1

もくじ

全41コース

千代田区・中央区・港区・新宿区・文京区

北区・豊島区・台東区・荒川区

墨田区・江東区・江戸川区・葛飾区・足立区

本書をご利用の方へ

●この本は、東京都内と都下から選んだ、歩行時間2時間以内（時速4km）の散歩道41コースと見どころを、すべて現地踏査したうえで紹介してあります。
●見どころの見学時間、公園や庭園の散策の時間などは原則として歩行時間に含まれていません。倍以上の充分な時間的余裕を見てお出かけください。
●コースの説明は概略を記しました。その他は大型詳細地図をご参照ください。
●コースは地図上の赤い太破線で示してあります。地図中のフラッグの番号は大タイトル下の行程図の番号と対応しています。赤い丸は記事や囲み記事で紹介したスポットです。
●各コースの先頭頁左端のアイコンは、上から花、歴史、文学、社寺、美術

館・博物館、公園・庭園、ショッピング、グルメを示し、色刷りされている場合はそのコースでそれぞれが楽しめます。
●この本のデータは2005年12月現在のものです。各施設の開館・開園・営業時間については、開館（園・店）時刻～閉館（園・店）時刻を記してありますが、入館（園）やオーダーストップの時刻は、通常それぞれ閉館（園・店）30分～1時間前となりますのでご注意ください。

●都立公園では65歳以上の入園料は大人料金の半額になります。

新版 東京さわやか散歩 1 INDEX

※赤い四角のなかの数字はページを表わしています

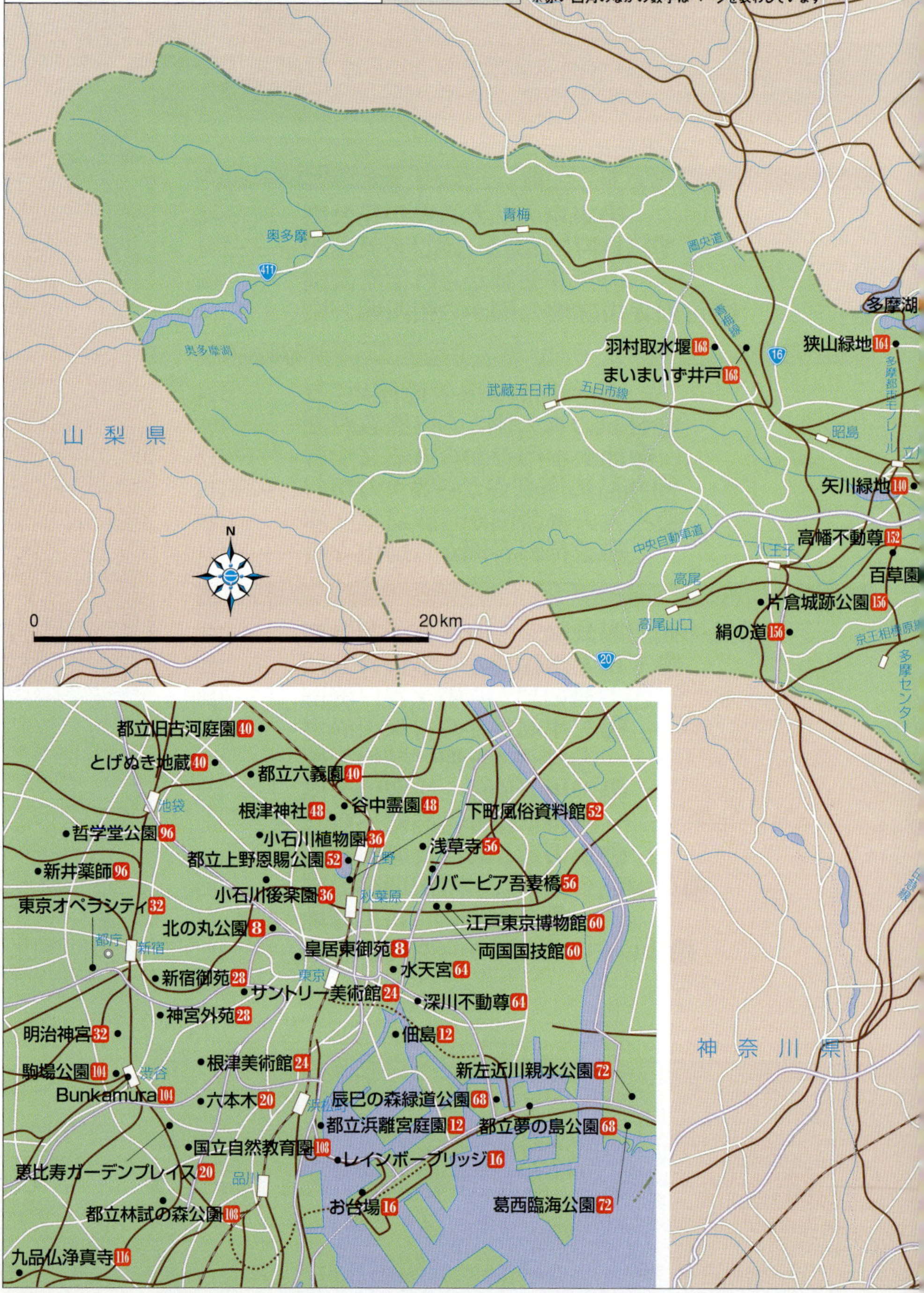

埼玉県
千葉県
東京湾
お鷹の道 136
都立殿ヶ谷戸庭園 136
都立小金井公園 132
東京大仏 88
都立光が丘公園 88
都立石神井公園 92
ちひろ美術館 92
山本有三記念館 128
善福寺川緑地公園 100
都立井の頭恩賜公園 128
立浅間山公園 148
都立野川公園 148
深大寺 144
都立神代植物公園 144
谷保天満宮 140
都立和田堀公園 100
烏山寺町 124
都立蘆花恒春園 124
次大夫堀公園 120
静嘉堂文庫 120
等々力渓谷 116
薬師池公園 160
本町田遺跡公園 160
名主の滝公園 44
飛鳥山公園 44
葛西用水親水水路 84
都立水元公園 80
都立東綾瀬公園 84
柴又帝釈天 76
馬込文士村 112
池上本門寺 112
東村山
小平
国分寺
府中
調布
吉祥寺
中央線
西武池袋線
西武新宿線
武蔵野線
東京外環自動車道
東武伊勢崎線
高速三郷線
京成本線
赤羽
池袋
山手線
上野
秋葉原
総武線
新宿
東京
渋谷
浜松町
品川
京葉線
小田急多摩線
東急田園都市線
東名高速道路
東京湾アクアライン
コース地図凡例
1
1
コースに近い地下鉄の出口
グルメスポットで紹介した店
巨木·名木
水道·トイレ

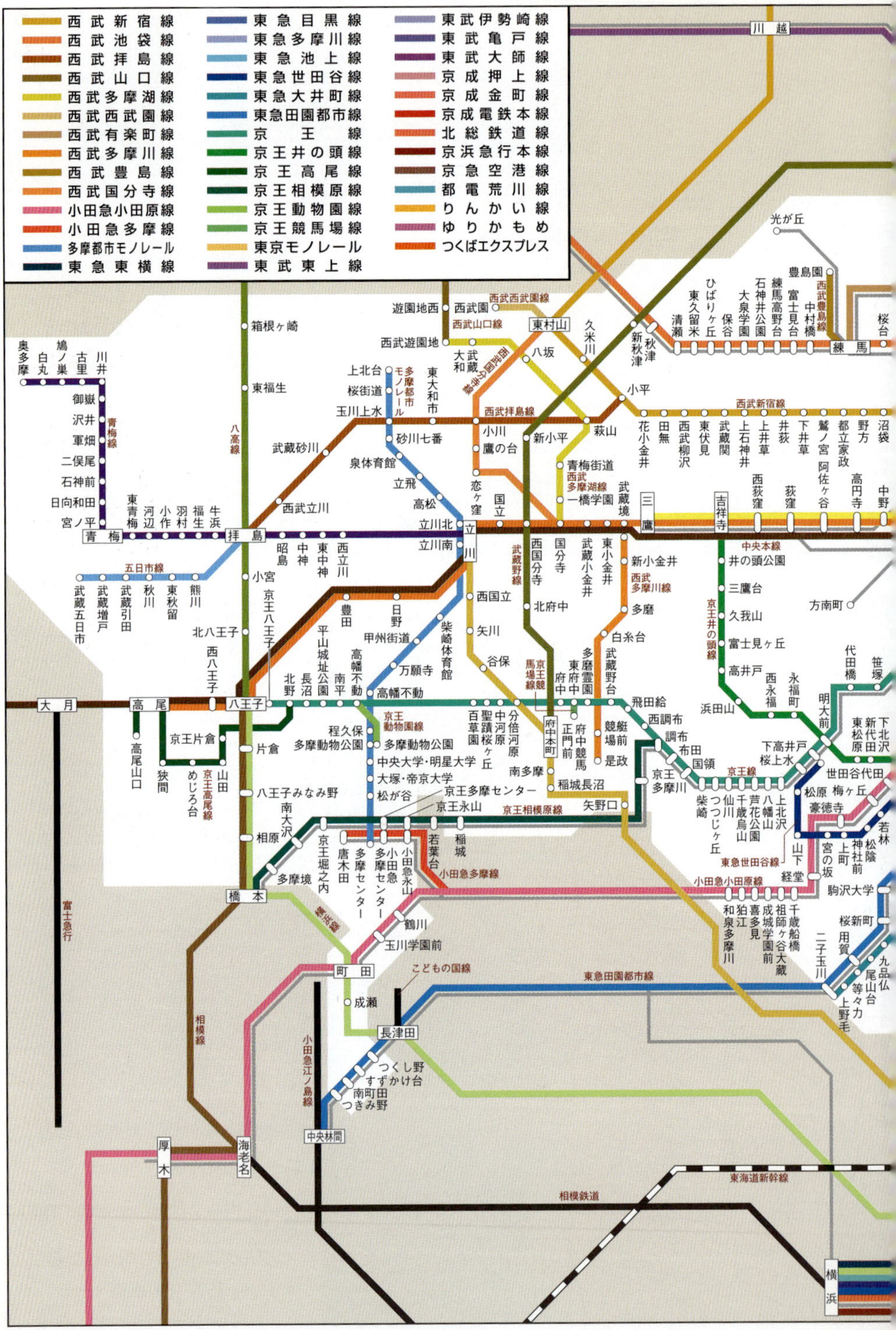

西武新宿線
西武池袋線
西武拝島線
西武山口線
西武多摩湖線
西武西武園線
西武有楽町線
西武多摩川線
西武豊島線
西武国分寺線
小田急小田原線
小田急多摩線
多摩都市モノレール
東急東横線
東急目黒線
東急多摩川線
東急池上線
東急世田谷線
東急大井町線
東急田園都市線
京王線
京王井の頭線
京王高尾線
京王相模原線
京王動物園線
京王競馬場線
東京モノレール
東武東上線
東武伊勢崎線
東武亀戸線
東武大師線
京成押上線
京成金町線
京成電鉄本線
北総鉄道線
京浜急行本線
京急空港線
都電荒川線
りんかい線
ゆりかもめ
つくばエクスプレス
川越
光が丘
豊島園
西武豊島線
ひばりヶ丘
東久留米
清瀬
保谷
大泉学園
石神井公園
練馬高野台
富士見台
中村橋
練馬
桜台
東村山
西武西武園線
西武園
遊園地西
西武山口線
西武遊園地
久米川
新秋津
秋津
八坂
武蔵大和
西武国分寺線
小平
上北台
桜街道
多摩都市モノレール
東大和市
玉川上水
西武拝島線
西武新宿線
萩山
小川
新小平
鷹の台
砂川七番
泉体育館
立飛
高松
武蔵砂川
西武立川
恋ヶ窪
国立
青梅街道
西武多摩湖線
一橋学園
武蔵境
花小金井
田無
西武柳沢
東伏見
武蔵関
上石神井
上井草
井荻
下井草
鷺ノ宮
都立家政
野方
沼袋
西荻窪
荻窪
阿佐ヶ谷
高円寺
中野
三鷹
吉祥寺
中央本線
箱根ヶ崎
東福生
八高線
奥多摩
白丸
鳩ノ巣
古里
川井
御嶽
沢井
軍畑
青梅線
二俣尾
石神前
日向和田
宮ノ平
東青梅
河辺
小作
羽村
福生
牛浜
青梅
拝島
昭島
中神
東中神
西立川
立川北
立川
立川南
五日市線
武蔵五日市
武蔵増戸
武蔵引田
秋川
東秋留
熊川
小宮
京王八王子
北八王子
西八王子
豊田
日野
甲州街道
柴崎体育館
平山城址公園
高幡不動
万願寺
西国分寺
国分寺
武蔵小金井
東小金井
武蔵野線
新小金井
西武多摩川線
多摩
白糸台
西国立
北府中
矢川
谷保
京王競馬場線
府中
東府中
多磨霊園
武蔵野台
飛田給
井の頭公園
京王井の頭線
三鷹台
久我山
富士見ヶ丘
高井戸
方南町
浜田山
西永福
永福町
明大前
代田橋
笹塚
下北沢
新代田
東松原
大月
高尾
八王子
北野
長沼
南平
高幡不動
京王動物園線
程久保
多摩動物公園
中央大学・明星大学
大塚・帝京大学
松が谷
百草園
聖蹟桜ヶ丘
中河原
分倍河原
府中本町
正門前
府中競馬
競艇場前
是政
西調布
調布
布田
国領
京王線
京王多摩川
下高井戸
桜上水
世田谷代田
梅ヶ丘
松原
豪徳寺
高尾山口
京王片倉
狭間
めじろ台
山田
京王高尾線
片倉
八王子みなみ野
京王多摩センター
京王永山
南多摩
稲城長沼
矢野口
京王相模原線
南大沢
相原
京王堀之内
唐木田
多摩センター
小田急多摩センター
小田急永山
若葉台
稲城
小田急多摩線
柴崎
つつじヶ丘
仙川
千歳烏山
芦花公園
八幡山
上北沢
山下
東急世田谷線
宮の坂
上町
神社前
松陰
若林
多摩境
橋本
小田急小田原線
経堂
駒沢大学
和泉多摩川
狛江
喜多見
成城学園前
祖師ヶ谷大蔵
千歳船橋
桜新町
用賀
二子玉川
九品仏
尾山台
等々力
上野毛
横浜線
鶴川
玉川学園前
町田
こどもの国線
東急田園都市線
成瀬
長津田
つくし野
すずかけ台
南町田
つきみ野
小田急江ノ島線
中央林間
相模線
富士急行
厚木
海老名
相模鉄道
東海道新幹線
横浜

東京都交通案内図
地下鉄路線図はP172～173
JR山手線
JR中央線
JR中央本線
JR総武線
JR総武線快速
JR横須賀線
JR埼京線
JR京浜東北線
JR高崎線
JR東北本線(宇都宮線)
JR東海道本線
JR常磐線快速
JR南武線
JR武蔵野線
JR京葉線
JR青梅線
JR五日市線
JR横浜線
JR相模線
JR常磐線
JR八高線
湘南新宿ライン
新幹線
地下鉄
その他の鉄道
赤羽岩淵
埼玉高速鉄道に接続
見沼代親水公園
日暮里・舎人線（2007年開業予定）
東京メトロ13号線（2007年開業予定）
（2007年3月開業予定）
東北新幹線
上越新幹線
東北本線
都電荒川線
京成電鉄本線
東武大師線
京成押上線
京成金町線
北総鉄道線
総武線快速
京浜急行本線
東急東横線
東急目黒線
東急池上線
東急大井町線
東急多摩川線
京浜東北線
東京モノレール
京急空港線
京急大師線
りんかい線
ゆりかもめ
西武池袋線
西武新宿線
東武東上線
都営三田線
赤羽
東十条
十条
王子駅前
王子
尾久
上中里
田端
駒込
巣鴨
大塚
池袋
目白
高田馬場
新大久保
新宿
代々木
千駄ヶ谷
信濃町
四ッ谷
市ヶ谷
飯田橋
水道橋
御茶ノ水
秋葉原
浅草橋
神田
東京
有楽町
新橋
浜松町
田町
品川
大崎
五反田
目黒
恵比寿
渋谷
原宿
西日暮里
日暮里
鶯谷
上野
御徒町
京成上野
新御徒町
浅草
押上
北千住
町屋
南千住
三河島
両国
錦糸町
亀戸
平井
新小岩
小岩
松戸
亀有
綾瀬
金町
京成金町
柴又
新柴又
青砥
京成高砂
京成小岩
江戸川
八丁堀
越中島
潮見
新木場
葛西臨海公園
月島
豊洲
新豊洲
市場前
有明テニスの森
有明
国際展示場
国際展示場正門
青海
東京テレポート
テレコムセンター
船の科学館
台場
お台場海浜公園
芝浦ふ頭
日の出
竹芝
汐留
東雲
天王洲アイル
大井競馬場前
流通センター
昭和島
整備場
天空橋
新整備場
羽田空港第一ビル
羽田空港第二ビル
羽田空港
京急蒲田
糀谷
大鳥居
穴守稲荷
雑色
六郷土手
川崎
京急川崎
蒲田
大森
大森町
平和島
大森海岸
立会川
鮫洲
青物横丁
新馬場
北品川
梅屋敷
大井町
下神明
西大井
戸越公園
中延
荏原町
旗の台
長原
洗足池
石川台
雪が谷大塚
御嶽山
久が原
千鳥町
池上
蓮沼
沼部
鵜の木
下丸子
武蔵新田
矢口渡
多摩川
田園調布
奥沢
大岡山
北千束
洗足
緑が丘
自由が丘
都立大学
学芸大学
祐天寺
中目黒
代官山
不動前
武蔵小山
西小山
大崎広小路
戸越銀座
荏原中延
三軒茶屋
西太子堂
池尻大橋
駒場東大前
池ノ上
神泉
東北沢
代々木上原
代々木八幡
参宮橋
南新宿
初台
中野坂上
中野
東中野
大久保
西武新宿
新井薬師前
中井
下落合
江古田
東長崎
椎名町
新桜台
小竹向原
成増
下赤塚
東武練馬
上板橋
ときわ台
中板橋
大山
下板橋
板橋
北池袋
西高島平
新板橋
西巣鴨
新庚申塚
庚申塚
巣鴨新田
滝野川一丁目
飛鳥山
大塚駅前
向原
東池袋四丁目
雑司ヶ谷
鬼子母神前
学習院下
面影橋
早稲田
栄町
梶原
荒川車庫前
荒川遊園地前
小台
宮ノ前
熊野前
東尾久三丁目
町屋二丁目
町屋駅前
荒川七丁目
荒川二丁目
荒川区役所前
荒川一中前
三ノ輪橋
新三河島
竹ノ塚
西新井
大師前
梅島
五反野
小菅
牛田
京成関屋
堀切
鐘ヶ淵
東向島
曳舟
京成曳舟
業平橋
八広
四ツ木
京成立石
堀切菖蒲園
お花茶屋
六町
北綾瀬
青井
千住大橋
東あずま
小村井
亀戸水神
後楽園
春日
本郷三丁目
九段下
神保町
永田町
表参道
青山一丁目
大手町
三越前
日本橋
茅場町
門前仲町
水天宮前
森下
馬喰町
新日本橋
溜池山王
霞ヶ関
麻布十番
白金高輪
泉岳寺
三田
大門
銀座
東銀座

1

東京の中心にある緑のオアシス

皇居東御苑から北の丸公園

所要時間　約1時間10分

JR・東京メトロ東京駅
▶ 徒歩6分
1 和田倉噴水公園
▶ 徒歩8分
2 大手門・皇居東御苑
▶ 徒歩11分
3 二の丸庭園
▶ 徒歩15分
4 本丸・天守閣跡
▶ 徒歩5分
5 北桔橋門
▶ 徒歩5分
6 東京国立近代美術館
▶ 徒歩6分
7 科学技術館
▶ 徒歩4分
8 近代美術館工芸館
▶ 徒歩5分
9 北の丸公園
▶ 徒歩5分
東京メトロ・都営九段下駅

赤レンガの建物内にギャラリーもある東京駅

出発点は東京駅丸の内中央口。赤レンガの丸の内駅舎は、日銀本店も手がけた辰野金吾の設計で、大正3年(1914)に完成。1945年に焼失したが、1948年に改修。2011年春には創建当初の形に復元される。

駅舎を背にイチョウ並木を歩き、丸の内のオフィス街をぬける。内堀通りに出て、右手にあるのが和田倉噴水公園、左手は皇居前広場だ。皇居の参観は予約が必要(☎03-3213-1111)なので、一般開放されている大手門から皇居東御苑へ。入園時に渡される小さな札を、退園時に返還するシステムになっている。

手入れがゆきとどいている二の丸庭園を散策し、汐見坂を上って本丸跡へ。芝生の広場でひと休みしたら、松ノ廊下跡、天守閣跡をめぐり、徳川将軍の気分を味わってみよう。

江戸城の規模がしのばれるお濠の石垣

北桔橋門《きたはねばしもん》で濠を渡ったら、歩道橋の向こう側へ。東京国立近代美術館、その分館である工芸館、科学技術館などを見学したら、北の丸公園を通って九段下駅をめざす。

四季の彩り

3～4月、皇居東御苑の雑木林ではツクシやスミレなども見られる。お濠に面した斜面の菜の花も春を感じさせ、3月末から4月初旬には千鳥ヶ淵の桜も開花する。5月にはサツキに彩られた二の丸庭園が美しい。

6月は紀伊国坂のアジサイ、中～下旬には二の丸庭園のハナショウブが見ごろ。

11月、皇居東御苑、北の丸公園で紅葉が見ごろとなる。東京駅から延びるイチョウ並木も黄色く色づく。

お濠にたくさんのカモ類が渡ってきてバードウオッチングを楽しめる。

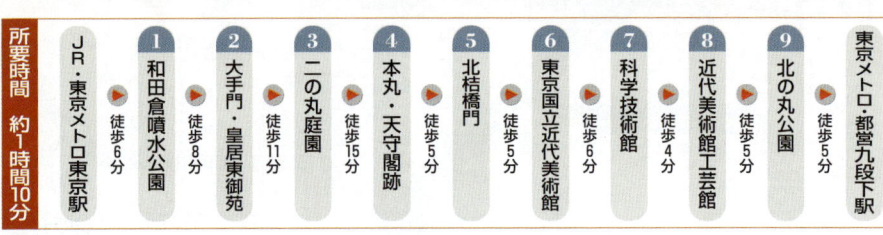

1 皇居東御苑から北の丸公園

和田倉噴水公園

昭和36年に天皇皇后陛下ご成婚記念として造られた噴水を中心に、平成７年に再整備された噴水公園。

奥にガラス張りの和田倉休憩所やレストランがあり、噴水を眺めながらくつろげる。

大手門・皇居東御苑

皇居の東側地区、旧江戸城の本丸、二の丸と三の丸の一部が皇居東御苑として一般公開されている。その入退場門のひとつ大手門は、かつて江戸城の正門だった。開苑９時～16時30分（11～２月は～16時）、月・金曜（祝・休日の場合は開苑）・年末年始休、☎03(3213)2050

現存の大手門は昭和42年に復元されたもの

大手門を入ると同心番所、百人番所がある

二の丸庭園

サツキ、シャガ、ハナショウブなど、花のきれいな回遊式庭園。その周囲には、全国都道府県を代表する木が植樹された一角や諏訪の茶屋、昭和天皇の発意による武蔵野の森（雑木林）などがある。

本丸・天守閣跡

二の丸庭園から汐見坂を上ると､広大な芝地が広がる本丸跡。江戸城は、家康の入城以来、三代にわたって建設が進められ、天守閣は慶長12年（1606）に完成した。しかし1657年に焼失、今はその石垣だけが残っている。天守台の東に建つ八角柱の建物は桃華楽堂で、皇太后の還暦記念に建設された音楽堂。

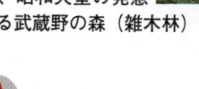

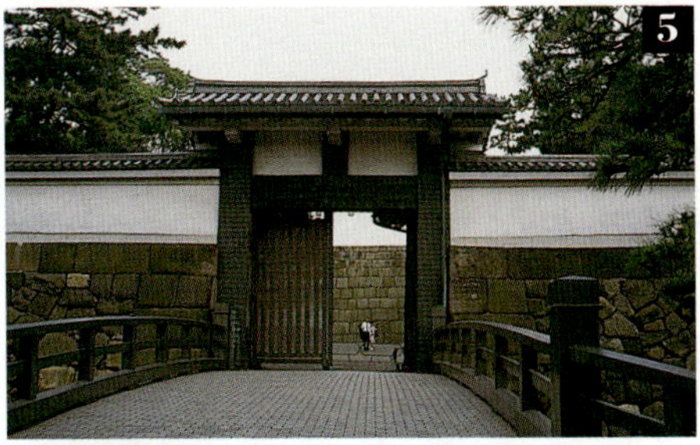

北桔橋門

太田道灌によって築かれた江戸城は家康入城によって大改造されたが、道灌時代にはこの北桔橋門（きたはねばしもん）付近が城の大手だったといわれ、濠が深くなっている。橋は敵の侵入を防ぐため、跳ね上げ式だった。

東京国立近代美術館

昭和27年（1952）、日本初の国立美術館として京橋に開館、1969年に現在地に移転。20世紀の絵画や彫刻、写真を収集展示。2002年にリニューアルオープン、レストランも併設。開館10～17時、月曜（祝・休日の場合は翌日）・展示替期間・年末年始休、常設展420円、☎03(5777)8600

科学技術館

生活に密着した科学と技術をテーマに、参加体験型の展示を行ない、実験や実演が人気。自動車の運転を疑似体験できる自動車シミュレータも楽しめる。開館９時30分～16時50分、年末年始休、大人600円、☎03(3212)2440

東京国立近代美術館工芸館

明治43年（1910）に建設の旧近衛師団司令部の建物を改築し、1977年に開館。染織、陶磁など明治から現代の工芸品を所蔵、展示する。開館10～17時、月曜（祝・休日の場合は翌日）・展示替期間・年末年始休、所蔵作品展200円（特別展・共催展は別途）、☎03(5777)8600

北の丸公園

芝生広場や花木園、池が整備されている。千鳥ヶ淵、牛ヶ淵に囲まれ、科学技術館、日本武道館などが点在。九段下口の田安門は典型的な枡形門。

JOY グルメスポット

和田倉噴水公園レストラン☎03(3214)2286では、大きく開放的な窓から噴水を眺めながら食事ができる。ランチはバイキング形式で1200円。パレスビルの１階にあるThe Exchange☎03(3215)8885は、周辺のオフィスで働く外国人にも人気のサンドイッチ専門店。中味は16種類、パンは４種類のなかから自由に組み合わせられる。ターキーとクランベリーサンド1100円（写真）はボリュームも満点。ダイエット中の人にもうれしいローカロリーのサンドも。テイクアウトもできる。土・日・祝・休日休。東京国立近代美術館２階のクイーンアリス・アクア☎03(5219)3535は皇居を望むテラス席もあるカフェレストラン。館外からの利用も可。

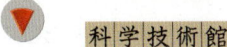

2

東京湾と隅田川の水辺に沿って歩く

浜離宮庭園から月島、佃島

所要時間 約1時間40分

JR山手線 浜松町駅
▶ 徒歩2分
1 旧芝離宮恩賜庭園
▶ 徒歩18分
2 浜離宮庭園
▶ 徒歩15分
3 東京都中央卸売市場
▶ 徒歩8分
4 築地本願寺
▶ 徒歩15分
5 聖路加ガーデン
▶ 徒歩10分
6 おさかな普及センター資料館
▶ 徒歩1分
7 勝鬨橋
▶ 徒歩15分
8 月島西仲通り商店街
▶ 徒歩8分
9 佃島・住吉神社
▶ 徒歩6分
東京メトロ・都営 月島駅

佃堀からの佃小橋と大川端リバーシティ21の眺め

埋め立ての歴史を江戸時代にさかのぼる隅田川沿いの古い町と、最近開発された高層住宅街。東京湾の潮の香りとともに時の流れを感じながら歩いてみよう。

浜松町駅の南に旧芝《しば》離宮《りきゅう》恩賜《おんし》庭園がある。庭園出口から海岸通りに出て左に歩くと、右手に浜《はま》離宮《りきゅう》庭園の中の御門がある。園内をめぐり、大手門橋から新大橋通りを行くと築地市場、その先は築地本願寺だ。

潮入の池がある浜離宮庭園

本願寺からは築地川公園内を歩く。最初の角を右に曲がると、聖路加《せいろか》看護大学、聖路加国際病院とつづき、道を渡ると聖路加ガーデンに着く。建物内に入ってエスカレーターで2階へ。目の前の親水広場から隅田川に出て右に川べりを歩く。

勝鬨《かちどき》橋の手前で階段を上がり、晴海通りを渡る。おさかな普及センター資料館の隣に、「かちどきのわたし碑」と勝鬨橋。橋を渡って月島第二小学校を過ぎたら、晴海通りを横断。西仲橋を渡ると、通称もんじゃ通りと呼ばれる月島西仲通り商店街だ。

アーケード街をぬけ、隅田川に向かって歩くと佃島。佃煮の老舗や下町風情が残る路地を歩き、住吉神社へ。神社を出て佃小橋を渡り、月島駅に出る。

四季の彩り

浜離宮では菜の花畑が広がり、桜、ツツジと咲き継ぐ。57種1200株あるボタン園も開園。旧芝離宮の藤棚はゴールデンウイークのころに花盛りとなる。

ハナショウブは浜離宮庭園で。

浜離宮庭園では9月にコスモスが見ごろに。

浜離宮庭園の梅林が春を告げる。

2 浜離宮庭園から月島、佃島

旧芝離宮恩賜庭園

東京湾の波打ちぎわを埋め立てて、延宝6年（1678）に老中大久保忠朝が作った江戸庭園の典型である回遊式築山泉水庭園。現在残る大名庭園としては最も古く、ビジネス街の静かなオアシスになっている。開園9～17時、年末年始休、大人150円、☎03(3434)4029

浜離宮庭園

徳川将軍家の鷹狩場だったところを埋め立て、11代将軍家斉の時代に現在の庭園が完成。潮入の池にある中島の御茶屋は、将軍や公家たちが眺望を楽しんだ休憩所。抹茶を飲みながら、庭園の風情を満喫したい。開園9～17時、年末年始休、大人300円、☎03(3541)0200

東京都中央卸売市場築地市場

昭和10年から首都圏の台所として、国内はもとより世界各国から生鮮食料品が集まる、築地の市場。市場見学は☎03(3547)7074へ。魚や野菜などの買い物は、築地場外市場で。

築地本願寺

元和3年（1617）、浅草近くの横山町に、第12世宗主准如上人により建立された、京都の浄土真宗西本願寺の別院。明暦の大火で焼失したのち、この地に移った。本堂には御本尊の阿弥陀如来像、聖徳太子像、親鸞聖人御影がまつられている。

聖路加ガーデン

隅田川川辺に立つ高さ220mの聖路加タワーを中心として、周辺は気持ちのよい緑地と広場が整備されている。タワー47階の展望室からは、ウォーターフロントの眺めを満喫できる。レストランは1・2階と47階に。

おさかな普及センター資料館

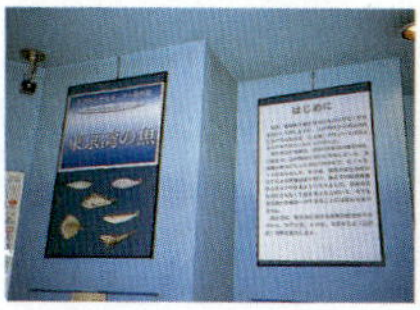

館内には常時30～70点の液浸標本や近海魚が泳ぐ水槽があり、3ヶ月ごとにテーマに応じて標本の入れ替えが行なわれる。魚介類に関する質問や相談にも応じてくれる。開館10～16時、日曜・祝日・中央卸売市場休業日休、☎03(3547)8824

勝鬨橋

隅田川の最下流に架かる。昭和15年(1940)開通、全長246mで、中央部が70度はねあがる可動橋。交通量が増加し、大型船の通過もなくなったため、昭和45年から開閉されていない。橋のたもとにかちどき橋の資料館があり、開閉する橋の模型を展示している。

月島西仲通り商店街

明治時代に埋め立てられ、東京湾内に月の岬という月見の名所があったことから月島と名づけられた。600mほど続く月島西仲通り商店街のアーケードは、食料品店や日用雑貨、洋品店、昔ながらの商店が並び、下町情緒たっぷり。月島はもんじゃ焼きの発祥の地とされる。

佃島・住吉神社

江戸時代初期に、江戸に下ってきた摂津（大阪市）・佃村の漁師たちが築いた島。佃煮は、貯蔵食として考案され、江戸の味として親しまれている。江戸に移住した際に、大阪の住吉大社から分霊した住吉神社がある。

JOY グルメスポット

中央卸売市場を出た右側にあるのが、誰でも買い物や食事ができる築地場外市場☎03(3541)9466（写真左）。新鮮な魚介類はもちろん、乾物の店、寿司や和食、ラーメンなどの飲食店が軒を連ねる。営業時間が早朝からお昼過ぎ頃までの店が多い。月島西仲通りの路地を入ったところにあるもんじゃ麦☎03(3534) 7795は、もんじゃを焼いて60年。具だくさんのスペシャルもんじゃ1360円（2人前）はボリュームたっぷり。もんじゃは740円から。年中無休。西仲通りの東端に月島もんじゃ振興会協同組合のインフォメーションセンター☎03(3532) 1990があり、みやげ用もんじゃ焼セットを販売。

3 潮風に吹かれて臨海副都心をめぐる

レインボーブリッジからお台場

所要時間 約2時間5分

ゆりかもめ芝浦ふ頭駅 ▶ 徒歩8分 ▶ 1 レインボーブリッジ芝浦側アンカレイジ ▶ 徒歩12分 ▶ レインボーブリッジ台場側アンカレイジ ▶ 徒歩20分 ▶ 2 台場公園 ▶ 徒歩23分 ▶ 3 お台場海浜公園 ▶ 徒歩8分 ▶ 4 潮風公園 ▶ 徒歩17分 ▶ 5 船の科学館 ▶ 徒歩13分 ▶ 6 日本科学未来館 ▶ 徒歩15分 ▶ 7 パレットタウン ▶ 徒歩8分 ▶ ゆりかもめお台場海浜公園駅

芝浦からお台場へ、徒歩でも渡れるレインボーブリッジ

レインボーブリッジを歩いて渡り、いまや一大アミューズメントパークへと変貌した13号埋立地、お台場を歩いてみよう。

新交通ゆりかもめを芝浦ふ頭駅で降り、レインボーブリッジをめざす。芝浦側アンカレイジからレインボーブリッジをサウスルートで渡れば、海上約50mからお台場を一望できる。

コースで唯一、昔の雰囲気を漂わせるのが第三台場の台場公園だ。

お台場海浜公園は水遊びを楽しむ親子でにぎわう。磯沿いを歩くと左手にフジテレビ本社ビルが見える。

潮風公園に入ると夕陽の塔が出迎える。広いテラスから眺める大井ふ頭は壮大だ。13号地換気所横をぬけると、客船をかたどった船の科学館が見えてくる。

球体がのったフジテレビ本社

元宇宙飛行士毛利衛さんが館長を務める日本科学未来館に立ち寄り、パレットタウンの大観覧車を目印に、センタープロムナードまで歩を進めよう。パレットタウンはお台場の新しいテーマシティ。テレポートブリッジを渡り、お台場海浜公園駅をめざす。

四季の彩り

ウエストプロムナードからセンタープロムナードにかけて、色とりどりのワイルドフラワーやハーブが咲きみだれる。

お台場海浜公園は、ウインドサーファーでにぎわうが、人工砂浜、展望デッキ付近の磯辺は子どもたちにも人気。

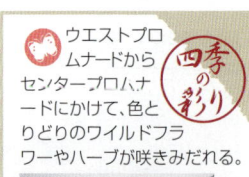

3 レインボーブリッジからお台場

1

レインボーブリッジ芝浦側アンカレイジ

芝浦ふ頭とお台場を結ぶ全長918mのレインボーブリッジは1993年に完成。上部に首都高速、下部に臨港道路、新交通ゆりかもめ、歩道が通じている。橋は、芝浦側と台場側にあるアンカレイジ（吊り橋の基礎）によって支えられている。レインボーブリッジの海面からの高さは52.4mで、これは豪華客船の来航を妨げないため。開場9〜21時（11〜3月は10〜18時）、第3月曜（休日の場合は翌日）・年末休、☎03（5442）2282

2

台場公園

「お台場」の名で知られる品川台場は、徳川幕府が黒船来襲にそなえて品川沖に築いた砲塁跡。6基のうち第三、第六台場のみ国の史跡として残され、このうち第三台場は東京都により整備され、台場公園として一般に開放。

3

お台場海浜公園

第三台場から13号埋め立て地の北側へ通じる海岸線の公園。ボードセイリングの名所でマリーンハウスも完備。公園やデックス東京ビーチから望む東京港は絶景、ライトアップされるレインボーブリッジの夜景も美しい。

潮風公園

東京港改造計画に基づき造成された13号埋立地の一部を「13号地公園」として開園。臨海副都心の整備とともに名称変更され、首都高速湾岸線の換気塔により南地区と北地区に分かれる。シンボルは夕陽の塔。

4

船の科学館

海と船の文化をテーマにした海事総合博物館。客船をイメージした本館、初代南極観測船宗谷、青函連絡船羊蹄丸の３館で構成される。マリーンシアター、海洋開発のジオラマ展示のほか、ラジコン船の操縦や操船シミュレーションの体験コーナーも設置。羊蹄丸では昭和30年代の青森駅前の様子を再現。開館10～17時(土・日・祝日・夏期は～18時)、年末休、大人1000円(共通券)、☎03(5500)1111

日本科学未来館

最先端の科学技術、それに携わる科学者、技術者と入館者が出会う場として2001年夏に開館した。科学未来館のシンボル「GEO-COSMOS」は、宇宙から見た今の地球を映し出す世界初の球体ディスプレイ。有人潜水調査船「しんかい6500」や海洋探査用衛星などの海洋や宇宙の世界から、ゲノムや脳の生命科学、量子や超伝導などのミクロの世界まで、現在から未来への多岐に亘る科学技術の粋を集約。ほとんどの展示物に触れることができ、高度な内容を簡単に体感できる。開館10～17時(土曜は～18時)、火曜(祝日の場合は開館)・年末年始休、大人500円・18歳以下200円、☎03(3570)9151

パレットタウン

大観覧車が目印のテーマシティで、1999年にオープン。女性のためのテーマパーク「ヴィーナスフォート」、大型専門店を中心とした「サンウォーク」、車をテーマとした体感型施設「MEGA WEB」、世界最大級のライブホール「Zepp Tokyo」のほか、東京レジャーランドと、もりだくさん。☎03(3529)1821

JOY グルメスポット

カフェ、和洋中などのレストランが20あまりそろっているデックス東京ビーチ。なかでもサンセットビーチブルーイングカンパニー☎03(3599)6655は「台場地麦酒」が飲めるビアホールとして有名だが、ビュッフェスタイルの手軽なランチも。台場地麦酒は5階のDecksTokyo Brewery(写真右)でつくられていて、築地玉寿司、つきじ植むら、韓国家庭料理の醍醐、台場小香港の店などでも味わえる。また日本科学未来館５階のカフェ「サイエンスギャラリーカフェ」(写真左)、フジテレビ本社ビル7階のTVコネクションカフェなど、お台場らしいスポットでのティータイムも楽しめる。

4

大名屋敷に由来する坂道を上ったり下ったり

六本木から恵比寿ガーデンプレイス

所要時間 約1時間30分

東京メトロ・都営地下鉄六本木駅
▶ 徒歩11分
1 鳥居坂・国際文化会館
▶ 徒歩3分
2 麻布十番温泉
▶ 徒歩5分
3 きみちゃん像
▶ 徒歩11分
4 善福寺
▶ 徒歩15分
5 有栖川宮記念公園
▶ 徒歩8分
6 広尾駅周辺
▶ 徒歩18分
7 日仏会館
▶ 徒歩5分
8 東京都写真美術館
▶ 徒歩2分
9 恵比寿ガーデンプレイス
▶ 徒歩8分
JR・東京メトロ恵比寿駅

ショッピングも楽しめる恵比寿ガーデンプレイス

六本木、麻布、広尾、恵比寿と、それぞれ個性的な街並みをつないで歩いてみよう。六本木から広尾にかけては、芋洗坂、大黒坂、狸坂、仙台坂など、大名屋敷があった江戸時代からの名をもつ坂道が多い。それらの名の由来が記された標柱を読みながら歩こう。

坂道が多く、坂の名を記した標柱が設置されている

出発点の六本木から麻布へは下り道、芋洗坂をだらだらと下ってもよいが、鳥居坂から麻布十番へ一直線に下ろう。下りきって外苑東通りを渡ったところが麻布十番温泉。左に進むと、たい焼き屋、せんべい屋、豆菓子店など、なつかしい味の店やこだわりの商店が軒を連ね、蕎麦屋、韓国料理の店も多い。

広場にある『赤い靴』のきみちゃん像を見たら、善福寺に寄っていこう。一帯には寺が集中している。

仙台坂下から仙台坂上へと坂道を上り、港区麻布運動場から、緑豊かな有栖川宮記念公園へ。

広尾駅をゴールにしてもよいが、余裕があれば、恵比寿駅までがんばろう。広尾から恵比寿へは上り坂、めざすは恵比寿ガーデンプレイス。東京都写真美術館を見学したら、麦酒記念館などで乾杯。ガーデンプレイスから恵比寿駅へは動く歩道が通じている。

四季の彩り

広尾散歩通りにハナミズキの花が彩りを添える。

7月、有栖川宮記念公園の池でスイレンが花開く。公園内の木陰の道は夏でもひんやりと涼しい。8月下旬の金・土・日曜に麻布十番納涼まつりが開かれる。

11月下旬、有栖川宮記念公園の紅葉がみごと。善福寺の逆さイチョウも黄色く色づく。

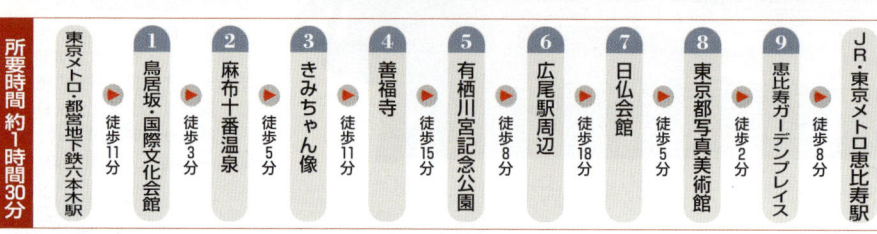

4 六本木から恵比寿ガーデンプレイス

鳥居坂・国際文化会館

江戸時代中期まで、坂の東側に大名鳥居家の屋敷があったので鳥居坂と呼ばれるようになった。一説には麻布氷川神社の二の鳥居があったためともいわれる。現在は、その沿道に東洋英和女学院、教会、大使館が並び、閑静なたたずまい。鳥居坂のなかほどにある国際文化会館は岩崎小弥太の邸宅だった敷地に建設されたもので、宿泊施設、図書室などを備え、各国文化人の交流の場となっている。施設の利用は会員か会員の紹介に限られるが、ティーラウンジのみ利用可。窓から庭園の一端を眺められる。2006年４月にリニューアルオープン。☎03(3470)4611

麻布十番温泉

昭和23年に掘り当てた天然温泉で、泉質は重曹泉。大広間と個室で休憩や軽い食事ができる温泉会館は３階。11～21時、大人1260円（18時～は940円）。１階にある越の湯は銭湯で、15時～23時30分、火曜休、大人400円、☎03(3404)2610

きみちゃん像

童謡『赤い靴』は野口雨情の作詞。女の子のモデルは明治35年生まれの岩崎きみちゃんで、実際には病のため、異国に行くこともなく、この近くの孤児院で10歳の短い命を閉じたという。

善福寺

弘法大師空海が天長元年(824)に創建したと伝えられ、もとは真言宗だった。寛喜元年(1229)に親鸞がこの寺を訪れ、住職の了海が宗旨を浄土真宗に改めたという。境内の逆さイチョウは、親鸞が突き立てた杖が根付いたものと伝えられる。参道には空海が錫杖を刺した所から湧き出したという柳の井戸がある。

有栖川宮記念公園

盛岡藩南部家の下屋敷だったが、明治に入ると有栖川宮熾仁（たるひと）親王の所有となり、これを受け継いだ高松宮殿下が昭和９年(1934)に東京市に寄付した。木々が繁茂する斜面に囲まれて池がある林泉式庭園で、大名庭園の雰囲気を残している。

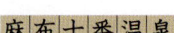

広尾駅周辺

外苑西通りをはさんで、駅の東（麻布側）と西（恵比寿側）は対照的な雰囲気。有栖川宮記念公園のある麻布側はインターナショナルな雰囲気で、輸入食材が豊富なスーパーマーケットも有名だが、恵比寿側はパン屋、惣菜屋など、庶民的な商店街がつづく。

6

日仏会館

7

大正13年設立以来、日本・フランス間の学術・交流の中心として機能し、シンポジウムや講演などの文化活動や出版活動が行なわれている。図書室は一般の人でも利用できる。カフェブラスリー・レスパスもある。10時30分～18時、日曜・祝日・7月14日・7月15日～8月の土曜・12月25日・年末年始休、☎03(5421)7643

8

東京都写真美術館

写真はオリジナルプリントを中心に約23000点を収蔵、常時、複数の企画展を行なう。カフェ、ミュージアムショップも併設。10～18時（木・金曜～20時）、月曜（休日の場合は翌日）・年末年始休、料金は展覧会によって異なる。☎03(3280)0031

9

恵比寿ガーデンプレイス

サッポロビールの工場跡地に平成6年10月にオープン。恵比寿麦酒記念館をはじめ、ホテル、デパート、映画館などがそろったスペース。40階建ての恵比寿ガーデンプレイスタワーの38・39階のレストラン街「TOP OF YEBISU」で、食事をしながら展望が楽しめる。☎03(5423)7111

JOY グルメスポット

仙台坂を上りきった先、野球場の向かい側の角には、フレンチ・イタリアンのレストラン、セレニータ（写真）☎03(3444)1223がある。オードブル盛り合わせにパンとデザート、飲み物付きのパスタランチ1500円。月曜（休日の場合は翌日）休。東京都写真美術館の1階と2階エントランスホールに、館外からの利用もできるカフェ、シャンブルクレールがある。チーズケーキ450円、ベルギー風アイスクリーム450円。ベルギー直輸入ビールや軽食もそろっている。おみやげには麻布十番の名物、浪花家☎03(3583)4975のたいやき（写真右）を予約しておくとよい。11～19時、火曜・第3水曜休。

5

表参道や赤坂のおしゃれな町並みを歩く

根津美術館から乃木坂、赤坂

所要時間　約1時間30分

営団地下鉄表参道駅
▶ 徒歩10分
1 岡本太郎記念館
▶ 徒歩5分
2 根津美術館
▶ 徒歩14分
3 青山霊園
▶ 徒歩24分
4 旧乃木邸
▶ 徒歩1分
5 乃木神社
▶ 徒歩18分
6 高橋是清翁記念公園
▶ 徒歩1分
7 草月会館
▶ 徒歩4分
8 赤坂コミュニティぷらざ
▶ 徒歩5分
9 豊川稲荷
▶ 徒歩7分
東京メトロ赤坂見附駅

花見の名所、桜並木も美しい青山霊園

しゃれたブティックやレストランの並ぶ青山周辺から赤坂を、アートにふれながら歩いてみよう。

表参道駅・エチカを通り地上に出る。ファッションビルを眺めながら、岡本太郎記念館へ。サロンや庭で岡本作品を見て、感じ、楽しんでから、根津美術館へ向かう。展示を鑑賞したら、茶庭として造園された庭園をゆっくり散策したい。

境内で骨董市も開かれる乃木神社

出口から右にまっすぐ歩くと、青山霊園。著名人のお墓をお参りしながら、広い園内を歩くのもいい。青山霊園から、階段を下って、六本木トンネルを抜け、政策研究大学院大学の角を左折して道なりに歩く。外苑東通りに出たら左に曲がり、2つめの信号を渡ると、旧乃木邸。乃木神社は乃木邸の裏手にある。

乃木神社から左に行き、赤坂小学校の角を左に曲がる。新坂の手前の道を右に入って坂を上ると、左側に高橋是清翁記念公園。その隣にガラス張りの草月会館がある。

青山通りを赤坂見附に向かって歩くと、赤坂コミュニティぷらざ。虎屋本店の前で青山通りを渡って右に行くと、豊川稲荷に着く。青山通りを下り、道を渡り直すと赤坂見附駅だ。

四季の彩り

4月初旬、青山霊園は桜が満開となり、毎年お花見の人でにぎわう。

10月13日に、乃木神社で管弦祭が催される。また根津美術館の八つ橋の池に映る紅葉が美しい。

節分の日に、豊川稲荷ではスポーツ選手や芸能人が参加しての豆まきを行なう。

5 根津美術館から乃木坂、赤坂

岡本太郎記念館

「太陽の塔」をはじめとするさまざまな彫刻や絵画を発表しつづけた、岡本太郎。50年近く生活した住まいとアトリエが、記念館として公開されている。開館10～18時、火曜(祝・休日の場合は開館)・保守点検日・年末年始休、大人600円、☎03(3406)0801

根津美術館

初代の根津嘉一郎が昭和15年(1940)に創立した、東洋古美術7000点を所蔵する美術館。ロビーにはミュージアムショップがある。池のまわりに茶室が点在する庭園には、静けさが漂う。開館9時30分～16時30分、月曜(祝・休日の場合は翌日)・展示替期間・年末年始休、大人1000円。☎03(3400)2536。
＊2006年5月8日～2009年秋まで改築工事のため休館

青山霊園

明治5年(1873)に、青山家の下屋敷跡を墓地にしたのが始まり。明治以降の著名人が多く眠る霊園としても知られ、吉田茂や大久保利通、乃木希典、志賀直哉、国木田独歩などの墓がある。

旧乃木邸

乃木希典将軍夫妻が、大正元年(1912)、明治天皇御大葬の日に殉死するまで住んでいた家と馬小屋が、乃木公園内に公開されている。明治35年(1902)に建てられた家は、簡素な木造平屋建て。開館9～17時、年末年始休、9月12、13日は邸内を拝観できる。

乃木神社

乃木将軍の死後、将軍を慕う人々が中央乃木会を結成し、大正12年(1924)に創建された。宝物殿には、将軍の遺品やゆかりの品々が展示されている。

高橋是清翁記念公園

昭和11年(1936)の2･26事件で暗殺された、時の蔵相・高橋是清の屋敷跡が公園に。園内には、石像や石灯篭が置かれている。

赤坂コミュニティぷらざ

港区の検診センターや区民センターなど、港区の公共機関が入っているビル。4階のレストランでひと休みできる。

草月会館

1階の草月プラザには世界的なアーティスト、イサム・ノグチによる石庭「天国」が展示され、アートスポットとして知られている。地下1階には草月ホールがあり、コンサートや演劇などが行なわれる。☎03(3408)9112

豊川稲荷

足利時代の嘉吉元年(1441)に、東海義易禅師が開いた曹洞宗の名刹･三州本山豊川稲荷の直轄。大岡越前守忠相が、文政11年(1828)に大岡邸に勧請し、明治20年(1887)に現在地に移った。境内には、霊狐、弁財天、七福神などがまつられている。

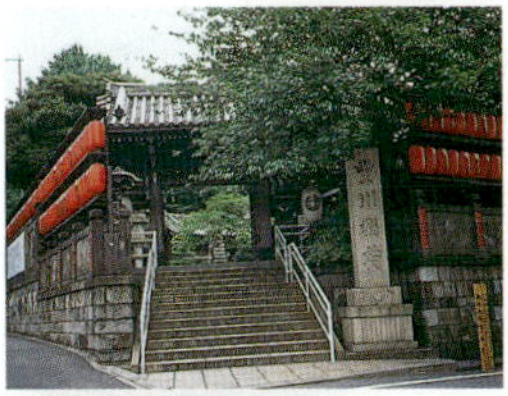

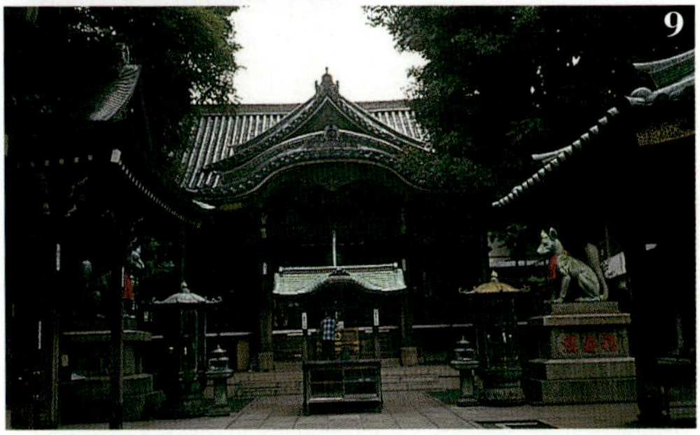

JOYグルメスポット

根津美術館のなかにある、入館者のみ利用できる喫茶室ガゼボ☎03(5466)2789は、コーヒー550円、クロックムッシュセット1050円。大きな窓から庭園の緑を眺められる。乃木神社☎03(3478)3001の境内では、抹茶とお菓子のセット300円(毎月1日は500円)を味わえる(写真上)。赤坂コミュニティぷらざ4階にあるレストラン･ローザ☎03(5411)1227は、豊富なメニューと手ごろな値段がうれしいレストラン。どのメニューにもカロリーが記されている。とんかつ定食780円（992kcal)。コーヒー、紅茶付きのケーキセット530円はおやつに。虎屋本店にある虎屋菓寮☎03(3408)4121では、羊かんと抹茶、あるいは煎茶のセット892円、ところ天735円、葛切1260円など。

6 スポーツと芸術の拠点から洋風・和風を兼ね備えた庭園へ

神宮外苑から新宿御苑

所要時間 約1時間45分

東京メトロ 外苑前駅 ▶ 徒歩5分 ▶ 1 いちょう並木 ▶ 徒歩15分 ▶ 2 聖徳記念絵画館 ▶ 徒歩17分 ▶ 3 野口英世記念会館 ▶ 徒歩8分 ▶ 4 四谷大木戸跡 ▶ 徒歩6分 ▶ 5 新宿御苑大温室 ▶ 徒歩6分 ▶ 6 西洋庭園 ▶ 徒歩18分 ▶ 7 日本庭園 ▶ 徒歩8分 ▶ 8 インフォメーションセンター ▶ 徒歩17分 ▶ 9 新宿サザンテラス ▶ 徒歩3分 ▶ JR・地下鉄新宿駅

イチョウの大木が地面まで黄色く染める、秋の新宿御苑

いちょう並木と新宿御苑《ぎょえん》が秋に美しいコース。いちょう並木は新緑、御苑は桜の季節もおすすめ。

外苑前駅から青山通りを歩くと、左手にいちょう並木の入口がある。イチョウのトンネルをくぐったら、グラウンドの左側を回り、お鷹の松を見ていこう。

「目で見る明治史」と呼ばれる聖徳《せいとく》記念絵画館を見学したら、首都高とＪＲを渡り、線路沿いを歩く。閉鎖された新宿御苑の正門の前で右へ。外苑西通りから奥まった所にある野口英世記念会館に立ち寄る。新宿御苑トンネル入口を横断すると、すぐ四谷大木戸跡がある。次の角を左折して大木戸門から新宿御苑へ。

新宿御苑大温室と旧洋館御休所を見てから西洋庭園へ。プラタナスの並木越しに芝生広場を眺め、池の縁をたどると日本庭園。母と子の森を通り、インフォメーションセンターを見てから新宿門を出る。ゴールの新宿駅へは、サザンテラスを通ってみよう。

聖徳記念絵画館前に広がる外苑総合グラウンド

四季の彩り

新宿御苑は桜の名所で種類も多く、２月のカンザクラに始まり、４月下旬のイチヨウ、カンザンにいたるまで、花見の期間も長い。５～６月には西洋庭園のバラが見ごろ。

６～７月、新宿御苑・中の池のスイレンの花が見ごろ。また、点在するタイサンボクの大きな花が芳香を放つ。

新宿御苑の日本庭園で11月１～15日にキク展を開催。11月下旬、外苑のいちょう並木が黄葉し、黄色いトンネルを歩ける。新宿御苑でも日本庭園を筆頭に美しい紅葉が見られ、西洋庭園のプラタナス並木でも日本離れした風情を楽しめる。

新宿御苑の池にはカモ類が浮かぶ。大温室ではラン類が２月に花ざかりとなる。

6 神宮外苑から新宿御苑

1 いちょう並木

神宮外苑と青山通りを一直線に結ぶ通りの左右にイチョウが２列ずつ植えられ、間の遊歩道にはベンチが設置されている。大正12年に植栽された木々は新宿御苑のイチョウの子孫で、遠近法を考え、手前と奥で樹高を変えてある。

2 聖徳記念絵画館

明治天皇とその皇后である昭憲皇太后の遺徳を記念するため、日本画・洋画の大家たちが天皇皇后の御事跡を描いた作品を展示。大正15年完成。開館９～17時、無休、大人500円、☎03(3401)0312

3 野口英世記念会館

１階の展示室に、世界的な細菌学者・野口英世の論文や研究用標本などを展示。開館９～17時（土曜は～15時）、日曜・祝日・年末年始休、☎03(3357)0741

4 四谷大木戸跡

江戸時代には、甲州街道から江戸市中に出入りする者を四谷大木戸で取り締まっていた。玉川上水が地下の配水管に入る場所でもあり、四谷区民センターの脇に大木戸跡の碑と水道碑記の碑が立っている。

5 新宿御苑大温室

新宿御苑の前身は明治５年に農業振興のため設置された内藤新宿試験場。大温室はその試験場だったころからあり、パイナップルやメロンを日本で最初に栽培した歴史ある温室だ。ヤシ室、花木室、ラン室などに区分されている。11～15時。新宿御苑の利用は９～16時30分、月曜（祝日の場合は翌日）・年末年始休、大人200円、☎03(3350)0151

西洋庭園

内藤新宿試験場だった新宿御苑は、その後フランスの造園家マルチネーが設計して明治39年に新宿御苑として生まれ変わり、戦後国民公園として開放された。プラタナス並木とバラ園で幾何学的に構成されたフランス式整形庭園と、大芝生にユリノキなどの大木が散在するイギリス風景式庭園は、西洋庭園と呼ばれる名園だ。

日本庭園

旧御凉亭から上の池にかけてはマツ、ツツジ、サツキ、カエデなどを植えた日本庭園で、あずまややや茶室が点在する。11月には９つの花壇を設けて皇室にゆかりの菊の展示会が開かれる。

１階に情報コーナーがあり、季節ごとの新宿御苑の情報を提供してくれる。また、アートギャラリーでは、自然をテーマにした写真展や絵画展を開催、売店も併設している。

新宿御苑 インフォメーションセンター

新宿サザンテラス

代々木方面へと新しいショッピングゾーンが広がっている新宿駅南口。小田急サザンタワーから新宿駅南口までは快適な遊歩道で結ばれている。沿道にはアウトドアグッズのショップ、カフェ、広島県と宮崎県のアンテナショップなどが点在。

グルメスポット

新宿御苑のエコハウスに併設されたレストランゆりのきで、軽食や喫茶を楽しめる。茶室の楽羽亭と翔天亭では抹茶（菓子付き、立礼席700円）もいただける。老舗追分だんご☎03(3351)0101の団子(写真右)は種類が多く、みたらし、小豆あんはもちろん、切り海苔がかかった生姜や抹茶の香りの茶あんなどもある。新宿サザンテラスには、オープンカフェもいくつかあるので、電車に乗る前に一服するのもよい。広島県のアンテナショップ広島ゆめてらすもサザンテラス内にあり、広島風お好焼きをはじめ、広島の味を楽しめるレストラン飲粋亭☎03(5333)7538も併設されている。

7

都心につくられた豊かな森から高層ビルの林立する新都心へと歩く

明治神宮から東京オペラシティ

所要時間　約1時間35分

JR山手線原宿駅 ▶徒歩2分 ▶ 1 明治神宮南参道 ▶徒歩10分 ▶ 2 明治神宮御苑 ▶徒歩8分 ▶ 3 明治神宮本殿 ▶徒歩7分 ▶ 4 宝物殿 ▶徒歩8分 ▶ 明治神宮西門 ▶徒歩17分 ▶ 5 東京オペラシティ ▶徒歩11分 ▶ 6 幡ケ谷不動尊 ▶徒歩15分 ▶ 7 新宿中央公園 ▶徒歩2分 ▶ 8 東京都庁 ▶徒歩14分 ▶ JR・地下鉄新宿駅

6月になるとにぎわいを見せる明治神宮御苑の花菖蒲田

明治神宮の森で森林浴気分にひたり、超高層ビルが天を突く新都心でクールな都会的空間を味わう。

原宿駅を出て神宮橋を渡る。第一鳥居をくぐると、参道の左右にスダジイやクスノキなどの照葉樹が生い茂る。この森が、大正時代

展望台にも登ってみたい東京都庁

に造営された人工の森というのには驚く。明治神宮文化館を右に見て、大鳥居をくぐると、左に明治神宮御苑の北門がある（6月は文化館前の東門も開く）。

参道にもどり、本殿へ。白い敷石がまぶしい回廊を通って参拝をすませたら、宝物殿への案内板に従って北参道へ。ふたたび深い森のなかだが、北池を渡ると空が開け、芝生も広がる。宝物殿から武道場の前を通り、西門から外へ。

参宮橋の駅から先はやや上り坂で、高速の向こうに東京オペラシティが見える。新国立劇場の西側を進むと、不動通り商店街につきあたる。右へ進めば幡《はた》ケ《が》谷《や》不動尊。山手通りを渡り、新宿中央公園の虹の橋から都庁へ。展望室から神宮の森を見下ろせるだろう。

新宿駅までは高層ビル群を眺めつつ歩く。地下通路の動く歩道も利用できる。

四季の彩り

6月中旬～下旬、明治神宮御苑の1500株のハナショウブが次々に咲く。6月下旬～7月は、南池に紅色やピンク、白のスイレンが咲き、水面を彩る。

11月下旬、明治神宮御苑の紅葉が見ごろ。原宿や参宮橋付近のイチョウ並木も黄葉する。

明治神宮北池にオシドリなどの野鳥が渡ってくる。正月三が日の明治神宮は、日本一多いという初詣の参詣者であふれる。

7 明治神宮から東京オペラシティ
0 100 200 300 400 500m
N
東中野へ
東京医科大学病院
青梅街道
新宿アイランドタワー
しんじゅくにしぐち
スタジオアルタ
靖国通り
東京ヒルトンホテル
北通り
新宿区
しんじゅく
東京メトロ丸ノ内線
西新宿五丁目
住友ビル
三井ビル
新宿センタービル
小田急
三越
ホテルセンチュリーハイアット
都庁通り
西新宿一丁目
新宿三丁目
区民ギャラリー
動く歩道
都営大江戸線
京王
熊野神社
虹の橋
とちょうまえ
京王プラザホテル
第一本庁舎
議事堂通り
十二社通り
東京都庁
東通り
しんじゅく
都営新宿線
にししんじゅくごちょうめ
新宿中央公園
公園通り
ふれあい通り
西新宿四丁目
西新宿二丁目
新宿モノリス
十二社温泉
NSビル
KDDIビル
20
甲州街道
第二本庁舎
京王線
関東国際高校
南通り
高島屋
東京メトロ（建設中）
明治通り
小田急サザンタワー
京王新線
文化学園服飾博物館
西新宿小学校
新宿パークタワー
パークハイアット東京
代々木二丁目
荘厳寺
山手通り
西新宿四
JR東京総合病院
13号線
幡ヶ谷不動尊
西新宿三丁目
文化女子大学
文化服装学院
都営大江戸線
コンサートホール
正春寺
代々木小学校
みなみしんじゅく
よよぎ
NTTドコモ
くるみの木
NTT本社
代々木三丁目
代々木一丁目
東京オペラシティ
新国立劇場
53・54階飲食店フロア
よよぎ
千駄ヶ谷へ
刀剣博物館
加賀
はつだい
首都高速4号新宿線
JR埼京線
高井戸へ
宝物殿
武道場
参宮橋
東京乗馬倶楽部
北池
代々木四丁目
JR山手線
初台一丁目
マクドナルド
代々木ポニー公園
西門
さんぐうばし
明治神宮
北参道
西参道
渋谷区
小田急線
明治神宮本殿
明治神宮会館
初台二丁目
オリンピック記念青少年総合センター
社務所
参集殿
清正井
大鳥居
代々木中学校
代々木五丁目
代々木神園町
明治神宮文化館
隔雲亭
レストランよよぎ
明治神宮御苑
南池
山手通り
代々木八幡神社
参宮橋門
代々木公園
南参道
元代々木町
福泉寺
井の頭通り
明治神宮南参道
はらじゅく
西門
一の鳥居
表参道へ
原宿休憩所
2
よよぎはちまん
五輪橋
代々木上原へ
東京メトロ千代田線
原宿門
めいじじんぐうまえ
上原一丁目
富谷小学校
よよぎこうえん
航空発祥の碑
渋谷門
神宮橋
渋谷へ
国立代々木競技場
渋谷へ

1 明治神宮南参道

原宿駅前の神宮橋から続く参道。入口に第一鳥居があり、本殿までの間に明治神宮文化館と大鳥居がある。大鳥居は、ヒノキ造りの明神鳥居としては日本一の大きさ。明治神宮文化館には宝物展示室やレストラン・売店がある。

2 明治神宮御苑

深い緑のなかに清正の井があり、今もこんこんと水が湧く。湧水は菖蒲田を潤し、南池に注ぐ。南池を望む茶室は隔雲亭。開苑９～16時30分(11～２月は～16時)、８～17時(６月のみ、土日は～18時)、無休、大人500円。☎03(3379)5511

3 明治神宮本殿

祭神は明治45年に崩御された明治天皇と、その皇后で大正３年に崩御された昭憲皇太后で、現在も参詣者が絶えない。もとの本殿は戦災で焼失し、現在の建物は昭和33年に復興されたもの。

宝物殿

校倉造りを模した壮麗なコンクリート建築のなかに、明治天皇と昭憲皇太后の遺品を収蔵。約100点を展示している。土・日曜、祝日、祭典時のみ開館、９時～16時30分(11～２月は～16時)、大人500円(宝物展示室と共通)。

4

5 東京オペラシティ

純木造のコンサートホール「武満メモリアル」、地上234m54階建ての東京オペラシティタワー、アートミュージアム、オペラ専用劇場を持つ新国立劇場などから構成される劇場都市。中央を長さ200mのガレリアが通る。

6 幡ケ谷不動尊

光明山荘厳寺。本尊は薬師如来だが、藤原秀郷、武田信玄、北条氏政などに崇拝されたという不動尊のほうが有名。門前から西に不動通り商店街が続き、にぎわいを見せる。

7 新宿中央公園

新都心の高層ビル街に隣接する緑のオアシス。南側にちびっ子広場、北側に芝生広場、中央に水の広場があり、新宿ナイアガラの滝が流れる。

8 東京都庁

地上243m、48階建てのツインタワーがある第1本庁舎と、第2本庁舎、都議会議事堂からなる。第1本庁舎45階の南側と北側に展望室と喫茶コーナーがある。入室は9時30分～23時で北側が第2・4月曜休、南側が第1・3火曜休、それぞれの定休日が祝・休日の場合は祝・翌日休、年末年始休(元旦早朝は予約・抽選あり)、☎03(5320)7890

JOY グルメスポット

明治神宮文化館☎03(3379)9222にあるレストランよよぎ(写真下)には、原宿セット1050円、おさしみ御膳1370円などがあり、屋外でも食べられる。休憩コーナーでも麺類など軽い食事ができる。東京オペラシティタワーでは53・54階が食事と展望を楽しめる飲食店のフロアで、イタリアンから焼き肉・寿司までよりどりみどり。初台駅前の加賀(写真左)は、立ち食い蕎麦店で、その場で揚げる分厚いかき揚げが満足感たっぷりのかき揚げそばが400円。くるみの木☎03(3378)0125は手作りのベーカリー。ちくわ入りのきんぴらパンや納豆パンなど、オリジナルのパンの種類が豊富(写真右)。

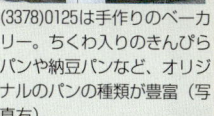

8 花の名所と徳川ゆかりの地を訪ねる
小石川植物園から小石川後楽園

所要時間 約1時間20分

都営三田線 白山駅 → 徒歩2分 → 1 白山神社 → 徒歩15分 → 2 小石川植物園 → 徒歩3分 → 3 播磨坂 → 徒歩20分 → 4 伝通院 → 徒歩7分 → 5 善光寺坂 → 徒歩4分 → 6 源覚寺こんにゃくえんま → 徒歩5分 → 7 礫川公園 → 徒歩1分 → 8 文京シビックセンター → 徒歩10分 → 9 小石川後楽園 → 徒歩10分 → JR・地下鉄 飯田橋駅

風雅な趣がある紅葉の小石川後楽園

水戸藩の上屋敷があった江戸小石川。徳川家ゆかりの庭園や寺をめぐり、ポストモダンな東京ドームと対比してみよう。

地下鉄白山駅で下車、白山神社から白山下に出てハナミズキの舗道を小石川植物園へ。塀沿いの御殿坂には、徳川綱吉の白山御殿があった。この御殿跡が幕府の薬園となって今の小石川植物園に。入口向かいのタバコ屋で入園券を買う。植物園は東京大学の植物学実習施設で、日本の近代植物学発祥の地でもある。

目印となる東京ドームシティアトラクションズの観覧車

松平播磨守《はりまのかみ》の上屋敷があった播磨坂の桜並木を上る。洋風・和風ゾーンには彫刻やせせらぎが配置され、町ゆく人の散歩道として親しまれている。

徳川家康の生母の菩提寺として有名な伝通院に参り、善光寺坂を下って源覚寺へ。閻魔様にこんにゃくをお供えし祈願。本堂脇の塩地蔵にも手を合わせる。

目前にそびえる文京シビックセンターや礫川《れきせん》公園で小休止したら、東京ドームの白い屋根が見える小石川後楽園へ。庭園美を満喫してゴールとなる。

四季の彩り

桜の名所が多く、4月初旬にはお花見のハシゴができる。小石川植物園の桜は枝が低く垂れるように咲く。「文京さくらまつり」でにぎわうのが播磨坂、伝通院参道。小石川後楽園は池に映る花の姿が美しい。入口近くのシダレザクラも有名で、ソメイヨシノより早く満開となる。

小石川後楽園のハナショウブは6月初旬に見ごろとなる。白山神社では3000株のアジサイが咲き、6月中旬に「あじさいまつり」が催される。

8 小石川植物園から小石川後楽園
0 100 200 300 400 500m
N
文京区
新宿区
千代田区
巣鴨へ
龍泉寺
寂円寺
東洋大学
京北学園中・高校
白山公園
最乗寺
京華学園中・高校
白山神社
こむぎこ
A3
はくさん
大円寺
一音寺
常瑞寺
顕本寺
専西寺
海蔵寺
長元寺
真浄寺
大林寺
浄心寺
向丘二丁目
東京メトロ南北線
白山通り
音雲院
心光寺
薬師坂
富山会館
白山下
浄心寺坂
東京大学総合研究博物館小石川分館
震災記念碑
白山三丁目
白山四丁目
青木昆陽碑
小石川養生所跡
温室
小石川植物園
白山一丁目
向丘一丁目
小石川五丁目
久堅公園
新福寺
御殿坂
最高裁書記官研修所
誠之小学校
池袋へ
竹早公園
播磨坂桜並木
播磨坂
大雲寺
植物園前
安閑寺
白山二丁目
是照院
日本橋へ
みょうがだに
小石川図書館
京慶寺
共同印刷
都営三田線
西片二丁目
254
吹上坂
光円寺
慈照院
喜運寺
念速寺
小石川五
CADOT（カド）
小石川郵便局
小石川四丁目
小石川三丁目
小石川一丁目
学芸大附属竹早小・中学校
学芸大附属竹早高校
淑徳学園高校・中学校
善光寺坂
西片一丁目
東京メトロ南北線
真珠院
法蔵院
見樹院
伝通院
慈眼院
善光寺
都立竹早高校
多福院
すずらん通り
小日向公園
春日二丁目
春日通り
金剛寺坂
福聚院
善光寺坂
澤蔵司稲荷
興善寺
日輪寺
本法寺
称名寺
東京メトロ丸ノ内線
こんにゃくえんま前
伝通院前
小石川二丁目
源覚寺 こんにゃくえんま
清和公園
水道一丁目
安藤坂
西岸寺
中央大学理工学部
小石川天神宮
かすが
富坂
本郷四丁目
首都高速5号池袋線
池袋へ
東京メトロ有楽町線
常泉院
こうらくえん
かすが
文京ふるさと歴史館
西五軒町
筑波大附属大塚養護学校
春日一丁目
文京シビックセンター
25階展望ラウンジ
礫川公園
文京区役所
牛天神
こうらくえん
東五軒町
諏訪神社
後楽公園
LaQua ラクーア
稲荷神社
明々堂
新小川町
文京盲学校
涵徳亭
東京ドームシティアトラクションズ
本郷一丁目
BIG EGG 東京ドーム
後楽二丁目
運動場
小石川後楽園
野球体育博物館
新小川公園
いいだばし
金刀比羅神社
秋葉原へ
白銀町
筑土八幡町
日中友好会館
後楽一丁目
すいどうばし
桜蔭学園高校・中学校
東京メトロ東西線
C2
東京ドームホテル
宝生能楽堂
飯田橋
飯田橋職安前
外堀通り
都営大江戸線
安養寺
船河原橋
小石川橋
神田川
工芸高校
いいだばし
J R中央・総武線
秋葉原へ
神楽坂通り
ラムラ
いいだばし
すいどうばし
善国寺
銀嶺会館
飯田橋三丁目
日本出版クラブ会館
セントラルプラザ
いいだばし
東京メトロ南北線
日大経済学部
東京理科大学
日大法学部
若宮町
富士見二丁目
新宿へ

1

白山神社

天暦2年(948)、加賀一宮白山神社を勧請した由緒の古い神社。東京十社のひとつ。江戸時代から歯痛止めの神として信仰を集めた。境内には3000株のアジサイがあり、あじさい神社の別名も。☎03(3811)6568

2

小石川植物園

東京大学理学部附属植物園が正式名。徳川幕府の小石川薬園がはじまり。約4000種の植物が栽培され、ニュートンのリンゴ、メンデル葡萄、旧養生所の井戸など由緒ある植物や遺構も数多い。日本庭園にある東大総合研究博物館・小石川分館も公開。開園9～16時、月曜（祝・休日の場合は翌日）休、大人330円、☎03(3814)0138

3

播磨坂

昭和35年(1960)、「全区を花でうずめる運動」で植えられた若木が育ち、りっぱな桜並木に。毎年4月「文京さくらまつり」が行なわれ、多くの人々に親しまれている。平成7年(1995)には「水と緑と彫刻のある散歩道」として整備された。

4

伝通院

応永22年(1415)、無量山寿経寺という名で開創。慶長7年(1602)、徳川家康の生母於大の方の菩提寺となり、法名「伝通院」からそう呼ばれるようになった。境内には徳川千姫をはじめ、歌人の古泉千樫、作家の佐藤春夫や柴田錬三郎などの墓がある。

5

善光寺坂

善光寺前の坂をいう。坂の途中に道路を分ける「椋の老樹」がある。伝通院の修行僧澤蔵司が宿っているといわれる。また午の日にご利益があるとされる慈眼院澤蔵司稲荷もこの坂にある。

源覚寺こんにゃくえんま

「閻魔王木造座像」は鎌倉期の作。眼病を治したい者がこんにゃくをお供えしたところ、大王が身がわりになってくれたという。こんにゃくは「困厄」に通じ、苦しみや災いから逃れたいとお参りする。

塩地蔵

礫川公園

後楽園駅から礫川公園が広がり、季節の草花が彩りをそえる。入口には、大名藩邸跡から出土した石を石積みにして保存している。

文京シビックセンター

文京区役所。平成6年(1994)に完成した区のシンボル。ホールやレストラン、カフェもあり、25階の展望ラウンジは9時～20時30分まで開放。晴れた日には新宿の高層ビルの間から富士山が見える。☎03(3812)7111

小石川後楽園

寛永6年(1629)、水戸藩の中屋敷跡で水戸光圀が完成させた大名庭園。海と河と山と野の4つの景観で構成された回遊式庭園は、随所に中国の名所の名がつけられている。緑深い庭園は、梅、桜、ハナショウブ、サツキ、モミジなどが季節の彩りをそえる。また稲田があり、区内の小学生が田植えや稲刈りをする。開園9～17時、年末年始休、大人300円、☎03(3811)3015

JOY グルメスポット

白山神社近くのこむぎこ（写真下）☎03(3814)1873は、ゆでたてパスタ専門店。ランチは日替わりで、通常のメニューにないものが食べられる。ミネストローネのスープスパゲッティは食べごたえがあって880円。昼どきは並ぶので13時すぎがよい。フランス菓子のカド☎03(3816)3985では、毎週金曜はマドレーヌが1割引き、ケーキは20円引きに。喫茶もある。眺望を楽しみながら食事をとるなら、文京シビックセンター25階の展望ラウンジにあるスカイレストランへ。椿山荘の直営店だけに、味にも定評がある。

9

和洋の名庭園から参詣客でにぎわう町へ

旧古河庭園から六義園、とげぬき地蔵

所要時間　約1時間20分

JR京浜東北線上中里駅 ▶ 徒歩2分 ▶ 1 平塚神社 ▶ 徒歩8分 ▶ 2 旧古河庭園 ▶ 徒歩8分 ▶ 3 妙義神社 ▶ 徒歩10分 ▶ 4 工房布礼愛 ▶ 徒歩5分 ▶ 5 六義園 ▶ 徒歩30分 ▶ 6 真性寺 ▶ 徒歩6分 ▶ 7 とげぬき地蔵（高岩寺） ▶ 徒歩6分 ▶ JR・都営三田線巣鴨駅

英国風の洋館にバラの庭園で有名な旧古河庭園

和風・洋風の庭園で季節が織りなす景色を楽しみ、さらにとげぬき地蔵まで足をのばす。街のたたずまいの違いを味わいたい。

JR上中里駅から蟬坂を上ってすぐ右手にある平塚神社の境内を通り、旧古河《ふるかわ》庭園に向かう。大正ロマンが香る和洋折衷庭園だ。

とげぬき地蔵で有名な高岩寺

太田道灌ゆかりの妙義神社に寄り、駒込の商店街を歩く。昔ながらの銭湯や食堂が懐かしい。JR駒込駅を越えた先にある工房布《ふ》礼《れ》愛《あい》には、江戸時代の衣装が展示されている。

緑豊かな六《りく》義《ぎ》園は数少ない大名庭園のひとつ。園内88カ所に万葉集や古今集で詠まれている名所の名がつけられた和歌の庭だ。茶屋でひと休みするのもよい。

本駒込のお屋敷街をハウスウオッチングしながら巣鴨へ。広い白山通りを進み、巣鴨駅をすぎると真性寺の大きなお地蔵さまが迎えてくれる。しだいに、とげぬき地蔵へお参りに来るお年寄りの姿がめだってくる。巣鴨地蔵通り商店街はおばあちゃんの原宿と呼ばれて久しい。塩大福やせんべい、八目鰻などの名物が並ぶ商店街を散策したあとに巣鴨駅へ。

四季の彩り

旧古河庭園のバラ、ツツジが甘い香りを放つ。石垣にびっしりと咲くモッコウバラは秋篠宮家の長女眞子様の「お印」だ。

木々の緑がまぶしく映える六義園。針葉樹、常緑樹、落葉樹などの高木は6000本以上。

旧古河庭園の洋風庭園では秋バラが咲く。また六義園の紅葉はすばらしく、大泉水にはマガモやオシドリなどの渡り鳥も訪れる。とげぬき地蔵では小規模ながら菊花展も。

2月ともなると、旧古河庭園では日本庭園の梅林に紅白の花々が咲く。

9 旧古河庭園から六義園、とげぬき地蔵
明治通り
122
王子へ
七社神社
上中里二丁目
滝野川一丁目
西ヶ原二丁目
東京メトロ南北線
都電荒川線
たきのがわいっちょうめ
国立印刷局滝野川工場
かみなかざと
農水省農林水産政策研究所
平塚神社
西ヶ原三丁目
にしがはら
滝野川公園
滝野川体育館
蝉坂
JR京浜東北線
防災センター
地震の科学館
城官寺
滝野川女子学園
北区
田端へ
西ヶ原四丁目
不動院
飛鳥中学校
平塚神社前
農業技術会館
上中里一丁目
滝野川会館
西ヶ原小学校
無量寺
大谷美術館
西ヶ原
滝野川保健センター
旧古河庭園
滝野川小学校
武蔵野中・高校
本郷通り
西ヶ原一丁目
豊島区
聖学院小学校
聖学院中・高校
駒込七丁目
しもふり商店街
慈眼寺
霜降橋
本妙寺
駒込六丁目
女子栄養大学・短大
中里二丁目
染井稲荷神社
染井霊園
西福寺
桜並木
駒込二丁目
東京スイミングセンター
妙義神社
駒込小学校
中央卸売市場豊島市場
染井通り
駒込三丁目
千鳥屋
駒込五丁目
アルプス（ケーキ）
大国神社
田端へ
白山通り
巣鴨地蔵通り
仰高小学校
本郷中・高校
駒込四丁目
善光寺
こまごめ
とげぬき地蔵（高岩寺）
駒込中学校
駒込東公園
巣鴨二丁目
JR山手線
駒込一丁目
伊勢屋
巣鴨信用金庫本店
4の日無料休憩所
染井門
文京女子大中学校
工房布礼愛
巣鴨図書館
巣鴨体育館
真性寺
江戸六地蔵
西友
駿河屋
A3
すがも
すがも
文京女子大高校
味の四季
大塚ゴルフプラザ
A2
六義園
上富士前
十文字中・高校
巣鴨一丁目
六義園
正門
フレーベル館絵本とおもちゃのお店
本駒込六丁目
六義公園
昭和小学校
カフェ・クラナッハ
駒込警察署
東洋文庫
国会図書館
都営三田線
本郷へ
池袋へ
不忍通り
巣鴨大鳥神社
17
文京区
N
宮下公園
都立小石川高校
0 100 200 300 400 500m
千石四丁目
白山へ
せんごく
本駒込二丁目

平塚神社

12世紀初めの建立といわれ、源義家、義綱、義光三兄弟を祭神とする。拝殿前の狛犬は非常に珍しい親子狛犬。近くには滝野川公園や御殿前遺跡、地震の科学館などもある。

旧古河庭園

大正初期の代表的な和洋折衷庭園。洋館と洋風庭園はジョサイア・コンドル、和風庭園は著名な庭師小川治兵衛の設計。洋館前のテラス式庭園で春と秋にバラの花が咲き競う。心字池を中心とした日本庭園も風雅。大谷美術館として公開されている洋館内の見学は往復はがきで予約。開園9〜17時、年末年始休、大人150円、☎03(3910)0394

妙義神社

区内最古の神社で、祭神は日本武尊。また、文明3年(1471)、足利成氏との戦に際して太田道灌が戦勝を祈願したゆかりの神社。以来、多くの武将たちが戦勝祈願に訪れる「戦勝(かちいくさ)の宮」とも呼ばれた。

工房 布礼愛

200〜300年前の時代衣装を先代から引き継ぎ、染め手の立場から説明してくれる染色工房。自然の草木から染められた色が織りなす布の美にこだわり、六義園の秋の落葉を集めて3色の六義園カラーを生み出した。機織りや藍染めの体験教室は要予約。☎03(3946)4201

六義園

元禄15年(1702)、川越藩主柳沢吉保の設計指揮で造られた回遊式築山泉水庭園。国の特別名勝で、園は古今和歌集より命名。藤代峠からは園内が一望でき、野鳥や渡り鳥の姿も見られる。開園9～17時(桜と紅葉の時期はライトアップされ、20時30分まで)、年末年始休、大人300円、☎03(3941)2222

5

真性寺

像の高さ約3m、見上げるように大きなお地蔵さまがある。正徳4年(1714)、正元が江戸入口の街道口に安置したといわれる江戸六地蔵のひとつで、都の有形文化財。本尊は行基の作と伝えられている薬師如来像だ。末尾に4のつく日には10～16時まで休憩所が利用できる。

6

参拝客が次々に訪れる

7

とげぬき地蔵
高岩寺

活気のある地蔵通り商店街

高岩寺は明治24年(1891)に下谷から移転した曹洞宗の寺。本尊はとげぬき地蔵として知られる延命地蔵菩薩。地蔵尊の御影(みすがた)を飲むか患部に貼って祈願すれば、病気の「とげ」が抜かれることから「とげぬき」の名が。末尾に4のつく日が縁日で、多くの人でにぎわう。☎03(3917)8221

JOYグルメスポット

カフェ・クラナッハ(写真下)☎03(3943)3004では、生豆から手選別で味の濁りの原因となる欠点豆を取り除いた自家培煎で、ていねいにコーヒーをいれてくれる。クラナッハブレンドは透明感のある味わいで香りもよい。巣鴨名物は、駿河屋(写真下)☎03(3917)5571の福々まんじゅう、あんまん100円、肉まん110円と巣鴨地蔵通り商店街入り口の伊勢屋☎03(3917)3580の塩大福120円。真性寺の前にある手延べうどん専門店「味の四季」☎03(3940)4643ではのどごしのよいうどん(写真下)が味わえる。巣鴨信用金庫本店では、とげぬき地蔵の縁日に「4の日無料休憩所」を設け、毎月4・14・24日(平日のみ)は訪れる参拝客にお茶とおせんべいのもてなしも。

10

桜の名所、水辺の遊歩道と公園を結ぶ

飛鳥山公園から名主の滝公園

所要時間 約1時間20分

JR・東京メトロ王子駅 ▶ 徒歩2分 ▶ 1 飛鳥山公園 ▶ 徒歩5分 ▶ 2 渋沢史料館 ▶ 徒歩1分 ▶ 3 飛鳥山博物館・紙の博物館 ▶ 徒歩14分 ▶ 4 音無親水公園 ▶ 徒歩12分 ▶ 5 金剛寺（紅葉寺） ▶ 徒歩10分 ▶ 6 王子神社 ▶ 徒歩8分 ▶ 7 王子稲荷神社 ▶ 徒歩5分 ▶ 8 名主の滝公園 ▶ 徒歩14分 ▶ 9 北とぴあ ▶ 徒歩5分 ▶ JR・東京メトロ王子駅

桜に彩られた音無親水公園

歌川広重の浮世絵にも描かれ、江戸時代から花見の名所として名高い飛鳥山。桜のシーズンに訪ね、落語「王子の狐」の舞台となった王子稲荷神社などとあわせて歩こう。江戸庶民の行楽気分を味わえる。

王子駅南口から跨線橋を渡れば、前方のこんもりした高みが飛鳥山公園。遊歩道をたどり、渋沢史料館、飛鳥山博物館、紙の博物館と、3つの博物館をめぐってみよう。

飛鳥山公園のさくら新道を下り、右手の線路をくぐって本郷通りを渡る。音無親水公園から音無川のたもとに上り、石神井川沿いに遊歩道をたどって金剛寺(紅葉寺)へ。途中に音無さくら緑地があり、休憩できる。

紅葉寺の前の紅葉橋を渡り、松橋から川を離れて区役所の前を通過する。大きな通りを横断すると王子神社。関神社にも参拝して、細い道を道なりに歩くと王子稲荷神社の狐に迎えられる。坂道を下り、左折して進むと名主《なぬし》の滝公園の門がある。

名主の滝公園から王子駅にもどる途中、左に線路をくぐると北《ほく》とぴあ。王子駅は目の前だ。

音無親水公園から金剛寺への遊歩道には野鳥のオブジェが点在し、そのさえずりも聞ける

四季の彩り

桜の名所、飛鳥山公園は3月末から4月初旬にお花見のメッカとなる。音無親水公園の両岸も桜並木がつづく。

飛鳥山公園の噴水、名主の滝公園の男滝が涼しげ。

その名のとおり紅葉寺の紅葉が美しい。

12月6日、王子神社で王子熊手市。大晦日、装束稲荷から王子稲荷まで狐の行列。2月の初午は、王子稲荷神社で凧市。

10 飛鳥山公園から名主の滝公園

飛鳥山公園

徳川吉宗の命により、元文２年(1737)、千本を超える桜が植えられ、江戸を代表する花見の名所となった。明治６年、東京市初の公園のひとつに指定され、現在は噴水のある多目的広場やこどもらんど、３つの博物館が並ぶ文化ゾーンがある総合的な公園。

渋沢史料館

近代を代表する実業家で、王子製紙を創設した渋沢栄一の足跡をたどる資料や写真を展示。隣接する渋沢庭園には、国の重要文化財に指定された晩香廬と青淵文庫が建っている。開館10～17時、月曜(祝・休日の場合は翌日)・祝日の翌日・年末年始休、大人300円(飛鳥山公園文化ゾーンの３館共通券は３ヶ月有効で720円)、☎03(3910)0005

飛鳥山博物館（上）と隣にある紙の博物館（右上）

飛鳥山博物館 紙の博物館

飛鳥山博物館は住居の復元模型から江戸時代の花見弁当まで展示し、北区の歴史や文化を紹介。開館10～17時、休館日は渋沢史料館と同じ、大人300円、☎03(3916)1133。紙の博物館は世界有数の紙専門の博物館で、パピルスや羊皮紙に始まる紙の歴史や工芸品などを展示。開館時間・休館日は渋沢史料館と同じ、大人300円(渋沢史料館との3館共通券は3ヶ月有効で720円)、☎03(3916)2320

音無親水公園

紀州出身の将軍吉宗が故郷の音無川と同名に名付けたため、音無川とも呼ばれる石神井川。その川に循環式の浄水装置を設け、安心して水遊びを楽しめるように整備されている。水車や木橋も再現され、夜は幻想的にライトアップされる。

金剛寺

通称紅葉寺、将軍吉宗の命により付近一帯にカエデが植えられた。本尊は弘法大師が彫ったという不動明王。松橋弁天と七福神、宝永７年(1710)作の風神雷神像などがある。

王子神社

地元の武士団を率いていた豊島氏が熊野から若一王子神社を勧請したもので、創建は文保２年(1318)以前と推定される。８月に奉納される王子田楽は有名。境内には、都天然記念物の大イチョウが生え、理容の神さまの関神社がある。

6

7

王子稲荷神社

関東の稲荷総社といわれ、社殿は文政５年（1822）造営。裏手にまわると、持ち上げてみて重さで願いが成就するか否かわかる「御石様」があり、崖下には狐の穴の跡もある。火難除けと商売繁盛に御利益があり、２月の凧市は有名。

名主の滝公園

幕末に王子村名主だった畑野孫八が自邸に造った庭を、明治の中ごろに栃木県塩原の景観を模して再整備した。現在は北区の公園で、落差８mの男滝をはじめとする滝とホタルで知られている。開園９～17時、☎03(3908)3566

8

9

北とぴあ

プラネタリウム、コンサートホール、産業情報センターなどが集合した、北区の産業と文化の発信基地。17階の展望ロビーからは筑波山なども眺められる。北のシンボル北斗七星をイメージ、北都とユートピアをかけて北(ほく)とぴあと命名された。☎03(5390)1100

グルメスポット

おみやげに喜ばれるのが音無親水公園に近い料亭扇屋☎03(3907)2567の釜焼き玉子（３日以上前に要予約）。卵焼きとあなどるなかれ、落語「王子の狐」ゆかりの一品なのである。狐といえば忘れてならないのが、石鍋久寿餅店☎03(3908)3165のこぎつねまんじゅう(写真)。秋から春までの限定酒まんじゅう。くずもち、あんみつなど、100年も手作りの味を守ってきた。散歩の途中でひと休みするのに最適な店。また北とぴあ17階に展望レストラン山海亭がある。

11

寺と坂が多く趣のある

谷中霊園から根津神社

所要時間　約1時間30分

JR・東京メトロ西日暮里駅
▶ 徒歩5分
1 浄光寺（雪見寺）
▶ 徒歩5分
2 本行寺（月見寺）
▶ 徒歩6分
3 谷中霊園・天王寺
▶ 徒歩9分
4 下町風俗資料館付設展示場
▶ 徒歩5分
5 寛永寺
▶ 徒歩17分
6 大名時計博物館
▶ 徒歩10分
7 根津神社
▶ 徒歩20分
8 岡倉天心記念公園
▶ 徒歩6分
9 朝倉彫塑館
▶ 徒歩4分
JR・京成日暮里駅

つつじまつりも開かれる根津神社

江戸時代、道灌山と呼ばれた眺めのよい台地が西日暮里。諏訪台通りに出て、諏訪神社の境内を抜ける。江戸六地蔵のある浄光寺、門前のヤエザクラが美しい養福寺、ケヤキの山門に戦いの弾丸跡が残る経王寺を経て本行寺へ。向かいに谷中霊園の塀が見える。

谷中霊園では近くの上野公園より静かにお花見を楽しめる

日暮里駅前の細い階段を上って谷中霊園内に入ると、静けさが心地よい。谷中霊園事務所で墓地案内図をもらっての墓地探索も興味深い。霊園の桜並木を歩き、言問《こととい》通りの下町風俗資料館付設展示場へ。8万4000体の地蔵がある浄名院前を行くと寛永寺だ。

寛永寺を折り返し点に、愛染明王《あいぜんみょうおう》像で知られる自性《じしょう》院へ向かう。お寺のつづく町並みを歩き、大名時計博物館へ。あかじ坂をまっすぐ下りて根津神社、根津神社北口から住宅街のなかをくねくね走るヘビ道をたどる。大名時計のある谷中小学校向かいの道を岡倉天心記念公園へ。七面坂を上ってすぐに朝倉彫塑館がある。訪れる人の心をいやす雰囲気が感じられる。屋上から今日のコースをたどってみるのもよいだろう。

四季の彩り

4月初旬、谷中霊園のさくら通りに美しい並木をつくる桜が見ごろに。4月中旬～5月上旬、ツツジがあざやかに彩る根津神社では、つつじまつりが催される。

8月1～31日は三崎坂の全生庵で円朝まつり。怪談噺で有名だった落語家三遊亭円朝の墓があり、8月11日の円朝忌には生前に集めた幽霊画が本堂で一般公開される。

旧暦8月15日（9月）、浄名院でへちま供養。10月14・15日は、大円寺境内が菊の鉢で埋まる谷中菊まつり。

11 谷中霊園から根津神社

1

浄光寺

真言宗豊山派の寺院。江戸時代までは隣接する諏訪神社の別当寺だった。眺望のよい諏訪台上にあり、とくに雪景色がすばらしいので雪見寺の別名も。

本行寺

2

大永6年(1526)に江戸城内平河口に建立され、宝永6年(1709)に現在地へ移転した。通称月見寺と呼ばれ、小林一茶の定宿だった。

谷中霊園・天王寺

3

徳川慶喜、横山大観、朝倉文夫など著名人の墓が多いことで知られる谷中霊園。園内にはさくら通りやぎんなん通りがあり、桜やイチョウが春や秋に美しい彩りとなる。もとは天王寺の境内だった。その天王寺は江戸時代、富くじ興行で評判の寺。高さ4.8mの釈迦牟尼仏座像が目をひく。

4

下町風俗資料館付設展示場

もと谷中6丁目にあった旧吉田家を移築、復元して公開。江戸商家の建築様式を伝えるもので、明治43年(1910)に建てられ、昭和61年(1986)まで使われていた。開館9時30分～16時30分、月曜(祝・休日の場合は翌日)・年末年始休、☎03(3823)4408

寛永寺

天台宗の関東総本山。寛永2年(1625)、天海僧正により創建され、年号を寺の名とした。徳川歴代将軍の霊廟がある。現在の本堂は天海ゆかりの地、川越の喜多院から移築された薬師堂で、寛永15年(1638)の建造物といわれる。

5

大名時計博物館

陶芸家・上口愚朗氏が収集、研究した大名時計を展示。和時計ならではの巧みな技術や装飾など、美術工芸品としても価値がある。開館10～16時、月曜（祝・休日の場合は翌日）・7～9月・年末年始休、大人300円、☎03(3821)6913

根津神社

1900年あまり前に日本武尊が創祀したといわれる。現在の権現造りの社殿、唐門、楼門、透塀などは徳川綱吉の命によるもので、国宝となっている。花期には約3000株のツツジが色とりどりに咲き競う。

岡倉天心記念公園

かつて、横山大観や下村観山、菱田春草らを育てた日本美術院があった。日本近代美術の先駆者岡倉天心の偉業を記念し、昭和42年に整備された。

朝倉彫塑館

日本近代彫塑の基礎をつくった朝倉文夫の記念館。鉄筋コンクリート造りのアトリエ、丸太と竹を使った数寄屋造りの住居で構成。代表作「墓守」などを展示。開館9時30分～16時30分、月・金（祝・休日の場合は翌日）・年末年始休、大人400円、☎03(3821)4549

JOY グルメスポット

神社仏閣の多い町並みに目立つログハウスがシャレースイスミニ☎03(3822)6033、オーナーは気のいいデニスさん（写真下）。花いっぱいの庭、コーヒー、焼きたてのスイスパンが出迎えてくれる。昔ながらの店構えで、自家製佃煮がおいしいのは中野屋☎03(3821)4055。アサリやウナギは酒の肴にもよい。愛玉子☎03(3821)5375は、オーギョーチィと読む。ぷるん、つるんとした寒天状の不思議なデザートはレモンシロップで（写真左）。持ち帰りもできる。すし乃池☎03(3821)3922では、シャリと穴子が口のなかで絶妙に広がる穴子ずしを（写真右）。おみやげ用もある。2500円。

12

上野の森に点在するミュージアムをめぐる

上野公園から下町風俗資料館

所要時間 約40分

JR上野駅(公園口) ▶ 徒歩2分 ▶ 1 国立西洋美術館 ▶ 徒歩2分 ▶ 2 国立科学博物館 ▶ 徒歩3分 ▶ 3 東京国立博物館 ▶ 徒歩8分 ▶ 4 奏楽堂 ▶ 徒歩3分 ▶ 5 東京都美術館 ▶ 徒歩2分 ▶ 6 上野動物園 ▶ 徒歩2分 ▶ 7 上野東照宮 ▶ 徒歩7分 ▶ 8 不忍池 ▶ 徒歩4分 ▶ 9 下町風俗資料館 ▶ 徒歩4分 ▶ JR上野駅(不忍口)

花見の名所でもある上野公園

明治6年(1873)、日本で最初の公園に指定された上野公園。美術館や博物館が並ぶ文化の森を歩く。

上野駅の公園口が出発点。平成11年(1999)にリニューアルオープンした東京文化会館をすぎ、ロダンの彫刻が出迎える国立西洋美術館へ。その裏手に隣接するのは子どもも大人も無心になって楽しめる国立科学博物館。ミュージアムショップの恐竜グッズが楽しい。向かいの公園には野口英世博士像や噴水がある。

東洋風や洋風、現代風と建物自体もすばらしい東京国立博物館を見学したら、池田屋敷表門前を通り、法隆寺宝物館へ。木もれ日の間に見える白い建物は奏楽《そうがく》堂《どう》だ。隣接して東京都美術館があり、裏手はもう上野動物園。にぎわう声が聞こえてくるほど。

不忍池の奥にユニークな形で建つのはホテル・ソフィテル東京

上野東照宮に参り、上野精養軒、花園稲荷神社を経て不忍池へ下る。弁天島から、蓮池、鵜の池、ボート池に目をはせる。水辺を南へ歩いていくと、下町風俗資料館に着く。昔ながらの下町風情、懐かしい雰囲気に包まれる。

四季の彩り

公園全体が桜の花でおおわれる。3月下旬から4月上旬に「上野さくらまつり」が開催され、花見客でごった返す。

ハスの花が浮かぶ不忍池では7月中旬から8月上旬にかけて「うえの夏まつり」が催され、植木市や骨董市、水上音楽堂ではジャズコンサートなども。

9月25日、清水観音堂で人形供養。

1月1日～2月末日、上野東照宮のぼたん苑開園。9時30分～16時30時。藁帽子をかぶり、けなげに咲く冬ボタンは風情がある。

12 上野公園から下町風俗資料館

1 国立西洋美術館

昭和34年(1959)、印象派の絵画やロダンの彫刻などのフランス美術、松方コレクションを基礎に設立。本館・新館での常設展示と年2～3回の企画展を開催。開館9時30分～17時(金曜は～20時)、月曜(祝・休日の場合は翌日)・年末年始休、大人420円、☎03(3828)5131

2 国立科学博物館

D 51型蒸気機関車とシロナガスクジラは「かはく」の目印。自然にふれ、科学の不思議を体験できる。2004年に新館がオープン。ミュージアムショップ、レストランも人気。開館9～17時(金曜は～20時)、月曜(祝・休日の場合は翌日)・年末年始休、大人500円、☎03(3822)0111

3 東京国立博物館

昭和13年(1938)に開館した本館は、東洋風建築帝冠様式の代表作。24室の陳列室は日本美術の大要がわかるように構成されている。表慶館では日本の古代遺物を、東洋館では中国や東南アジアなどの美術や工芸を展示。特別展専用の平成館や法隆寺宝物館を加え、充実した内容。開館9 時30分～17時（4～12月の特別展期間中の金曜は～20時)、月曜(祝・休日の場合は翌日)・年末年始休、大人420円、☎03(3822)1111

4 奏楽堂

明治23年(1890)に建てられた日本初の木造の洋式音楽ホール。滝廉太郎や山田耕作などがこの舞台に立った。パイプオルガンは日本最古のもの。日・火・木曜の9時30分～16時30分のみ公開、大人300円、☎03(3824)1988

5 東京都美術館

日展や二科展などの公募展のほか企画展や展覧会も多く開催される。開館9～17時、公募展は第３月曜・企画展は月曜(祝・休日の場合は翌日)・年末年始休、観覧料は展覧会により異なる。☎03(3823)6921

6

上野動物園

明治15年(1882)、わが国初の動物園として開園。東園と不忍池側の西園があり、モノレールで結ばれている。開園9時30分～17時、月曜(祝・休日の場合は翌日)・年末年始休、大人600円、☎03(3828)5171

上野東照宮

寛永4年(1627)の創建。参道には大石鳥居、銅灯篭、石灯篭が並ぶ。なかでも高さ6.8mのお化け灯篭は日本三大灯篭のひとつ。また、左甚五郎作の昇り竜、降り竜が彫ってある唐門、透塀、金色殿で有名な拝殿などは国宝指定。4月17日は徳川家康、吉宗、慶喜大祭。4月中旬から5月上旬にかけてぼたん祭りが催され、春ボタンが色鮮やかに咲き競う。1～2月に咲く冬ボタンも風情がある。金色殿参拝料200円、ぼたん苑入園料600円、☎03(3822)3455

7

不忍池

春は桜、夏はハスの花が咲き、渡り鳥も飛び交う水辺のオアシス。弁天島には弁財天や大黒天がまつられている。ボート遊びを楽しむ人々の姿も池の景色となっている。上野不忍池ボート場は、12～2月の水曜休、ローボート1時間600円、☎03(3828)9502

8

下町風俗資料館

昭和55年(1980)、下町の歴史や風俗を次世代に伝えたいと開館。駄菓子屋のある長屋や路地など、往時の生活が再現されている。開館9時30分～16時30分。月曜(祝・休日の場合は翌日)・年末年始休、大人300円、☎03(3823)7451

9

グルメスポット

上野東照宮を出てすぐ右手にある上野精養軒☎03(3821)2181は明治5年創業の日本最古の西洋料理店。禁煙ルームもあり、不忍池が一望できる窓側の席から案内してくれる。ハヤシライス（サラダ付）1360円（写真左）など、昔ながらの洋食屋の味が懐かしい。東京国立博物館内にも出店しており、同様のメニューを味わえる。上野までできたら足をのばしても買って帰りたいのが、うさぎや☎03(3831)6195のどらやき 180円やうさぎまんじゅう160円（写真右）。9～18時（16時以降、どらやきは要予約）。水曜休。

13

江戸情緒あふれる繁華な下町からリバーフロントへ

浅草寺からリバーピア吾妻橋

所要時間 約1時間25分

東京メトロ・都営地下鉄・東武伊勢崎線 浅草駅 ▶ 徒歩8分 ▶ 1 雷門・浅草寺 ▶ 徒歩6分 ▶ 2 浅草公会堂 ▶ 徒歩8分 ▶ 3 六区ブロードウェイ・花やしき ▶ 徒歩7分 ▶ 4 浅草神社 ▶ 徒歩7分 ▶ 5 隅田公園 ▶ 徒歩12分 ▶ 6 桜橋 ▶ 徒歩7分 ▶ 7 長命寺・弘福寺 ▶ 徒歩8分 ▶ 8 三囲神社 ▶ 徒歩18分 ▶ 9 リバーピア吾妻橋 ▶ 徒歩4分 ▶ 東京メトロ・都営地下鉄・東武伊勢崎線 浅草駅

浅草寺の参道、仲見世はいつもにぎわっている

レトロな浅草《せんそう》寺、モダンなリバーピア吾妻橋など、隅田川のほとりに誕生した新旧の下町文化にふれる。

雷門から仲見世を通り、五重塔を左に見ながら宝蔵門、観音堂へ。浅草寺は東京最古の庶民信仰の寺である。まずは観音さまに手をあわせてからスタート。

本堂から仲見世をもどって、伝法院《でんぽういん》通りを浅草公会堂へ。新仲見世通りをぬけ、六区ブロードウェイに入る。正面に見えるびっくり食堂を右に入ると、花やしき遊園地。さらに浅草寺本堂裏を歩く。ここは三社祭で町内神輿が100基勢揃いする場所。暮れには正月のしめ飾りを売る店も並ぶ。

浅草《あさくさ》神社、二天門を出て、履物の町花川戸をすぎ隅田公園へ。藤棚の遊歩道を歩くか、かすかな潮の香に誘われて堤防に沿って歩くか、また川辺の護岸テラスを歩いてもよい。言問橋の下をぬけ、桜の木の下を桜橋へ向かい、向島へ渡る。

言問団子や長命寺の桜もちでひと休み。長命寺、弘福寺に立ち寄り、料亭などが並ぶ見番《けんばん》通りを進み三囲《みめぐり》神社へ。なで牛で知られる牛嶋神社、日本庭園が美しい隅田公園のなかを歩き、隅田の顔、リバーピア吾妻橋へ向かう。アサヒビール吾妻橋ビルの展望喫茶室でその眺めに乾杯しよう。

四季の彩り

3月に隅田川で江戸流しびなの行事がある。4月初旬、隅田川両岸の隅田公園の桜がピンク色に川面を染める。両国橋から白鬚橋までの早慶レガッタも名物。5月中旬の浅草神社三社まつりでは「そいやそいや」の掛け声とともに大神輿、町内神輿100基が浅草中を練りまわる。

7月9・10日は浅草寺ほおずき市。四万六千日とも呼ばれ、この日に参詣すれば4万6000日参詣したのと同じ功徳があるという。7月下旬に伝統の隅田川花火大会、8月下旬には浅草サンバカーニバル。

11月3日に東京時代まつりがあり、歴史を再現した時代行列が繰り出す。

12月中旬に羽子板市。一年のニュースを象徴する愉快な羽子板もみもの。

13 浅草寺からリバーピア吾妻橋
0 100 200 300 400 500m
N
羽子板資料館
言問小学校
都立本所高校
すみだ女性センター
北千住へ
おしあげ
業平二丁目
墨田区
向島五丁目
桜橋通り
言問団子
長命寺・弘福寺
長命寺桜もち
弘福寺
見番通り
向島二丁目
水戸街道
向島三丁目
なりひらばし
三囲神社
墨田川七福神（恵比寿・大黒天）
向島一丁目
源森川
北十間川
都営浅草線
桜橋
首都高速6号向島線
小梅小学校
すみだ郷土文化資料館
言問橋東
東京水辺ライン
牛嶋神社
吾妻橋三丁目
台東リバーサイドスポーツセンター
今戸焼
言問橋下
言問橋
隅田公園
ほんじょあずまばし
隅田川
東武伊勢崎線
吾妻橋二丁目
今戸一丁目
都立台東商業高校
浅草七丁目
清澄通り
墨田区役所前
墨堤通り
言問橋西
枕橋
墨田区役所
リバーサイドホール
芋きん満願堂吾妻橋店
6
隅田公園
リバーピア吾妻橋
ライフタワー
アネックス
吾妻橋ホール
浅草六丁目
花川戸二丁目
アサヒビール吾妻橋ビル
スカイルーム
吾妻橋
吾妻橋一丁目
花川戸公園
台東区民会館
花川戸一丁目
浅草
東京都観光汽船
浅草五丁目
馬道
馬道通り
あさくさ
5
浅草警察署
浅草神社
二天門
仲見世柳通り
3
4
神谷バー
あさくさ
あさくさ
駒形橋
台東区
宝蔵門
1
ギャラリーf
浅草寺
仲見世
浅草文化観光センターからくり時計
浅草四丁目
梅むら（甘味）
浅草寺病院
雷門
雷5656会館
五重塔
伝法院通り
浅草梅園（甘味）
雷門通り
言問通り
伝法院
浅草公会堂
雷門二丁目
駒形一丁目
浅草三丁目
浅草二丁目
浅草公園
伝法院庭園
アンヂェラス
オレンジ通り
花やしき
やげん堀
舟和（本店）
東京メトロ銀座線
江戸下町伝統工芸館
ひさご通り
ヨシカミ
新仲見世通り
米久（牛鍋）
花やしき
六区ブロードウェイ
すしや通り
雷門一丁目
六区ブロードウェイ
浅草演芸ホール
日乃出せんべい
A1
つくばエクスプレス
あさくさ
ROX
A2
国際通り
寿四丁目
浅草ビューホテル
千束一丁目
西浅草三丁目
西浅草二丁目
たわらまち

1 雷門・浅草寺

推古天皇36年(628)、漁師の兄弟が隅田川で投網の中に仏像を発見したのが浅草の観音さまの起源となる。毎日平均10万人は訪れるという浅草寺の境内には雷門、宝蔵門、観音堂、五重塔、伝法院、浅草神社、二天門などがある。

2 浅草公会堂

公会堂入口前にあるスターの広場には、大衆芸能のメッカ浅草で育った喜劇俳優や映画俳優など、芸能人の手形がズラリと並んでいる。☎03(3844)7491

3 六区ブロードウェイ・花やしき

かつての歓楽街・浅草六区も現代風に六区ブロードウェイに変身。映画館や演芸場を残しながらファッションビルやゲームセンターなどに様変わり。嘉永6年(1853)に誕生した花やしきは下町の遊園地として今なお健在。開園10〜18時(月によって変更あり)、火曜休(祝日と学校休み期間は開園)、大人900円、☎03(3842)8780

4 浅草神社

権現造りの社殿は慶安2年(1649)建立。三社さまと呼ばれ親しまれる。三社祭の神輿3基の宮出し、宮入りは有名。

5 隅田公園

隅田川をはさんで台東、墨田2区にまたがる河岸公園。火除地として昭和6年(1931)に完成。川沿い1.5kmに並ぶ桜は徳川吉宗によって植えられたのがはじまり。

6 桜橋

浅草と向島を結ぶ日本初の歩行者専用橋。昭和60年（1985）の完成。X型の美しい橋だ。桜まつり、花火大会など隅田川で行なわれるイベント時は格好の見物場所となっている。

7

長命寺・弘福寺

長命寺の寺号は、徳川家光が腹痛をおこし寺の井戸水を飲んだら治ったことから与えられたといわれる。境内には芭蕉句碑などがある。唐風建築が目につく弘福寺は「咳の爺婆尊」で知られ、口中の病は爺に、咳を病む者は婆に祈り、全快したら煎り豆と番茶をそえて供養する。

隣合って建つ長命寺（上）と弘福寺（右）

8 三囲神社

弘法大師が建てたという社を再建中、土中から老翁の神像が掘り出された。そのとき白狐が現われ、神像を三度めぐって去っていったことから「みめぐり」に。現在の社殿は幕末の建築といわれる。

9 リバーピア吾妻橋

吾妻橋際に高層ビルの並ぶコミュニティスペース。ホールやギャラリーのある墨田区庁舎、アサヒビールのインテリジェントビルがある。金色の炎のようなデザインが目をひく吾妻橋ホールは、フランスの建築家フィリップ・スタルクの設計。

JOY グルメスポット

言問団子☎03(3622)0081は控えめな甘さが口にやさしい。小豆餡、白餡、青梅と3種類の団子にお茶がついて 550円（写真右）。どれから食べようか迷いつつ三味一体感に満足。桜の葉の香が漂う長命寺桜もち☎03(3622)3266では、お餅が塩漬けにした桜の葉3枚に包まれ、杉の木箱に入れられて運ばれてくる（写真下）。2個入りお茶つき 450円。葉は餅と一緒に食べてもよいとのこと。アサヒビール吾妻橋ビルの22階にある、スカイルームは展望喫茶室。抜群の眺望を楽しみながらコーヒーや紅茶 400円、ビール 550円などでひと息つける。

14

相撲部屋をめぐり、江戸が息づく街角を歩く

両国国技館と相撲部屋めぐり

所要時間 約55分

JR総武線両国駅(西口) ▶ 徒歩2分 ▶ 1 国技館・相撲博物館 ▶ 徒歩6分 ▶ 2 旧安田庭園 ▶ 徒歩3分 ▶ 3 横網町公園 ▶ 徒歩6分 ▶ 4 江戸東京博物館 ▶ 徒歩10分 ▶ 5 両国公園 ▶ 徒歩3分 ▶ 6 大島部屋 ▶ 徒歩1分 ▶ 7 吉良邸跡 ▶ 徒歩9分 ▶ 8 春日野部屋 ▶ 徒歩6分 ▶ 9 回向院 ▶ 徒歩8分 ▶ JR総武線両国駅

場所が始まると活気に満ちる国技館界隈

相撲の街・両国。「どすこい」「ごっつあんです」といったことばが街のあちこちから聞こえてきそうだ。

クラシカルな両国駅をあとに国技館へ。カラフルなのぼり、ふれ太鼓の音、街を闊歩する力士たち。初場所、夏場所、秋場所は相撲ファン待望の時期である。

ビヤホールもある両国駅

両国公会堂をバックにベンチでのんびり。のどかなひとときは旧安田庭園で。

横網町公園の慰霊堂横から、清澄通りに出て江戸東京博物館へ。不思議な形をした巨大で白い建物だ。遊歩道にある亀に乗った徳川家康像がユーモラス。

力士ご用達キングサイズの店ライオン堂をすぎると相撲部屋の集まる馬車通りに入る。二所《にしょ》ノ関部屋から両国公園へ寄り、大島部屋へ。討入りの舞台となった吉良邸跡では、なまこ壁が当時をしのばせる。

さらに時津風部屋、出羽海部屋、井筒部屋、そして春日野部屋と個性ある門構えが続く。しめくくりは、江戸相撲発祥の回向《えこう》院で力塚に参り、力を授かりたい。両国駅にもどったら、駅舎を改造したビヤステーション両国の地ビールで乾杯。

四季の彩り

春分の日、回向院では動物たちを供養する動物回向が行なわれる。3月10日、東京大空襲のあった日に東京都慰霊堂で春季大法要が営まれる。

8月上旬、旧安田庭園では野点、三曲演奏、句会など、納涼の夕べが行なわれる。

横網町公園内のイチョウ並木が黄色く色づき始める。

12月14日は赤穂浪士討ち入りの日。本所松坂町公園では義士祭、吉良祭が行なわれる。両国の年明けは、国技館初場所を告げるふれ太鼓の音から始まる。2月下旬、国技館が両国に帰ってきたことから始まった5000人の第九合唱。

14 両国国技館と相撲部屋めぐり
台東区
墨田区
江東区
くらまえ
都営浅草線
江戸通り
東京水辺ライン
東京都観光汽船
くらまえ橋局
蔵前警察署
蔵前橋
蔵前一丁目
都立蔵前工業高校
浅草中学校
隅田川
柳橋二丁目
横網二丁目
本所一丁目
横網二
清澄通り
吉葉（ちゃんこ割烹）
片男波部屋
石原一
石原一丁目
蔵前橋通り
都復興記念館
同愛記念病院
安田学園中・高校
横網町公園
両国公会堂前
旧安田庭園前
慰霊堂
災害記念堂
木彫りショップ栄樹
木彫資料館
一葉小学校
国技館通り
両国公会堂
旧安田庭園
横網町公園前
横網一丁目
慈光院
第一ホテル両国
国際ファッションセンター
都営大江戸線
亀沢一丁目
国技館北
両国
両国中学校
日大一中・高校
八角部屋
秋葉原へ
国技館
相撲博物館
江戸東京博前
北斎通り
徳川家康像
両国パールホテル
りょうごく
江戸東京博物館
ビヤステーション両国
JR総武線
両国駅西口
亀戸へ
両国リバーホテル
ザ・ホテルベルグランデ
立浪部屋
緑一丁目
両国一丁目
両国二丁目
両国三丁目
両国四丁目
ちゃんこ巴潟
両ごく玉屋
とし田
京葉道路
緑一
14
両国一
両国二
ライオン堂
両国橋
ももんじや（猪料理）
本所警察署
両国シティコア
工藤写真館
相撲写真資料館
時津風部屋
両国小学校
両国花火資料館（住友不動産ビル1F）
回向院
本所松坂町公園
吉良邸跡
両国公園
二所ノ関部屋
喜久や足袋本舗
足袋資料館
春日野部屋
一の橋通り
首都高速6号向島線
大島部屋
馬車通り
二之橋北詰
井筒部屋
出羽海部屋
桐屋田中
桐の博物館
一之橋北詰
首都高速7号小松川線
袋物博物館
竪川
千歳橋
二之橋
市川へ
竪川水門
塩原橋
一之橋
江島杉山神社
弁天湯
両国Jct
立川一丁目
千歳二丁目
千歳三丁目
千歳一丁目
西光寺
千歳公園
水道局営業所
弥勒寺
法樹院
龍光院
三保ヶ関部屋
0
200m
N
門前仲町へ
もりした

国技館・相撲博物館

現在の両国国技館は昭和59年(1984)に完成した。1階の相撲博物館は無料開放され、江戸時代の相撲絵図や番付表などが展示されている。開館10時～16時30分、土・日曜・祝・休日・年末年始休、☎03(3622)0366

旧安田庭園

昭和46年(1971)、元禄年間の名園そのままに復元された潮入回遊式庭園。開園9時～16時30分、年末年始休、☎03(5608)6291

横網町公園

関東大震災による遭難者の霊を供養する慰霊堂は昭和5年(1930)に完成、翌年には復興記念館が建設された。園内の一角には美しい日本庭園も広がる。毎年3月10日と9月1日には慰霊法要が営まれる。☎03(3622)1208

江戸東京博物館

高床式の倉がイメージの建物は高い所で62.2m。館内には約400年にわたる江戸から東京にいたる歴史を語る、実物や複製模型などを展示。なかでも江戸ゾーンの日本橋は高さや幅が忠実に復元され、通行できる。映像ホール、レストランなどもある。開館9時30分～17時30分（木・金曜は～20時)、月曜・年末年始休、大人600円（企画展は別料金)、☎03(3626)9974

両国公園

幕末海軍の官僚・勝海舟が、文政6年(1823)公園内にあった男谷邸内で生まれたことから石碑が建てられいる。

6

大島部屋

墨田区内だけでも19ある相撲部屋のひとつ。昭和55年(1980)に開かれた新部屋。ビルの壁面に大きな手形がデザインされたモダンな構えとなっている。親方は元大関旭国で、モンゴル出身の旭鷲山や旭天鵬がいる。

吉良邸跡

現在は本所松坂町公園となっている、忠臣蔵で有名な吉良上野介の上屋敷跡。中には首洗いの井戸などがある。12月14日には義士祭が、12月の第2土・日曜には吉良祭があり、元禄市も立つ。

7

8

春日野部屋

親方は元関脇栃乃和歌。先々代の元横綱栃錦は若乃花(先代二子山親方)と相撲全盛期の「栃若時代」を築いた。現在、栃乃洋や栃乃花、栃栄らが活躍中。

9

回向院

明暦3年(1657)の大火による多数の無縁仏のために開かれたのが始まり。鼠小僧次郎吉の墓はあまりにも有名。また、旧両国国技館ができるまでの76年間、相撲の開催場所となっていた。境内には相撲協会建立の力塚もある。

JOY グルメスポット

旧両国駅舎を改装したビヤステーション両国☎03(3623)5252では、館内のビール工場で作られた両国地ビール三種セット1048円などが、お祭り屋台のあるビヤホールで味わえる。とし田☎03(3631)5928は「両国力士もなか」、どらやき「ごっつあんです」(写真)など、ネーミングが楽しい和菓子の店で、「大入大福」は場所中の限定品。また元禄二八そばで有名な両ごく玉屋☎03(3631)3844では「討入りそば」「義士御膳」などのメニューも。ちゃんこ巴潟☎03(3632)5600では、幕内、小結、関脇と、3種類の日替わりちゃんこ昼食がある。

15

隅田川の両岸に残る下町の文化を楽しむ

深川不動尊から水天宮

所要時間　約1時間20分

東京メトロ・都営門前仲町駅 ▶ 徒歩5分 ▶ 1 深川不動尊 ▶ 徒歩3分 ▶ 2 富岡八幡宮 ▶ 徒歩15分 ▶ 3 法乗院えんま堂 ▶ 徒歩10分 ▶ 4 清澄公園 ▶ 徒歩2分 ▶ 5 清澄庭園 ▶ 徒歩10分 ▶ 6 江東区芭蕉記念館 ▶ 徒歩18分 ▶ 7 隅田川大橋 ▶ 徒歩10分 ▶ 8 水天宮 ▶ 徒歩4分 ▶ 9 甘酒横丁 ▶ 徒歩2分 ▶ 東京メトロ・都営人形町駅

「人情深川ご利益通り」と呼ばれる深川不動堂参道の入口

粋な下町情緒が生きている深川と人形町を結んで歩く。清澄《きよすみ》庭園や隅田川テラスの遊歩道では広々とした開放感も味わえ、四季を問わず楽しめるコースだ。

まずは昔ながらの駄菓子や煎餅を商う店が軒を連ねる参道を通って深川不動尊へ。1、15、28日と月3回の縁日はたくさんの露店も出てにぎわう。隣接する富岡八幡宮には、歴代横綱の珍しい石碑もある。

えんま堂のある法乗院など、寺の多い道を歩いて、清澄公園を縦断し清澄庭園へ。中心に大きな池のある回遊式の日本庭園で、周囲の喧噪も届かず静かだ。

松尾芭蕉ゆかりの江東区芭蕉記念館からは隅田川テラスの近代的なプロムナードを歩く。隅田川大橋を渡れば成田空港と直結した東京シティエアターミナル、上には首都高速道路の箱崎ジャンクションがある。

屋形船が走る隅田川と清洲橋

わずかに歩けば水天宮《すいてんぐう》で下町情緒に逆もどり。安産祈願で有名な水天宮は妊婦や若い夫婦の参拝が絶えない。甘酒横丁は三味線やつづらなどを扱う店が並ぶワンダーストリート。

人形町界隈には飲食店も多く、名店から庶民の味までよりどりみどり。ゴールを祝って乾杯するのもよい。

四季の彩り

清澄公園や清澄庭園では桜、ツツジ、サツキがあでやか。

隅田川の屋形船も多く、並んだ提灯が水面に映える。夕涼みを兼ねて河畔を歩くのに最適。人形町では、8月上旬にせともの市が開かれる。

11月ごろ、寺々のイチョウや清澄庭園の紅葉が美しい。

12月28日の納め不動や1月28日の初不動で深川不動尊がにぎわう。

15 深川不動尊から水天宮
0 100 200 300 400 500m
N
両国JCへ
浜町
はまちょう
日本橋久松町
日本橋富沢町
日本橋堀留町二丁目
久松小学校
明治座
浜町公園
区立総合体育館
都営浅草線
にんぎょうちょう
A3
甘酒横丁
日本橋人形町二丁目
日本橋浜町二丁目
日本橋浜町三丁目
柳屋
玉ひで
美奈福(おでん)
日本橋小学校
甘酒横丁
新大橋通り
浜町タワー
重盛永信堂
水天宮前
水天宮
中央区
東京メトロ日比谷線
東京メトロ半蔵門線
有馬小学校
ロイヤルパークホテル
東京シティエアターミナル
すいてんぐうまえ
日本橋蛎殻町一丁目
箱崎Jct
江戸橋JCへ
都立日本橋高校
日本橋箱崎町
IBM箱崎ビル
リバーサイド読売
大手町へ
日本橋川
永代通り
新川一丁目
明正小学校
東京ダイヤビル
新川二丁目
住友ツインビルディング
東京へ
東京都観光汽船水辺ライン
JR京葉線
中央大橋
隅田川
新大橋一丁目
新大橋通り
もりした
都営新宿線
新大橋
森下一丁目
森下二丁目
八名川小学校
深川神明宮
芭蕉記念館
萬年橋北
常盤一丁目
常盤二丁目
清澄通り
都営大江戸線
深川小学校
高橋
隅田川
芭蕉稲荷
芭蕉庵史跡展望庭園
萬年橋
小名木川
日本橋中洲
清洲橋
清洲橋東詰
深川稲荷
清澄二丁目
清洲橋通り
清澄三丁目
きよすみしらかわ
臨川寺
中村学園中学校・高校
霊巌寺
大正記念館
深川江戸資料館
清澄一丁目
江東区
清澄公園
清澄庭園
佐賀二丁目
隅田川大橋
隅田川大橋東
首都高速9号深川線
大島川
清澄橋
深川図書館
福住二丁目
円珠院
平野一丁目
採茶庵跡
深川一丁目
仙台堀川
赤穂義士休息の地碑
佐賀一丁目
食糧ビル
西支川
永代橋
小津安二郎誕生の地
清澄通り
心行寺
明治小学校
福住一丁目
法乗院えんま堂
深川第二中学校
冬木弁天堂
東京メトロ東西線
深川一
葛西橋通り
永代一丁目
門前仲町一丁目
深川二丁目
冬木
もんぜんなかちょう
赤札堂
永代二丁目
深川不動尊
臨海小学校
永代通り
門前仲町
近為
数矢小学校
富岡八幡宮
越中島公園
大横川
もんぜんなかちょう
みなとや
伊勢屋
サロン・ド・ペリニィヨン
富岡二丁目
越中島一丁目
牡丹一丁目
センチュリーパークタワー
スカイライトタワー
大川端リバーシティ21
イーストタワーズ2
リバーポイントタワー
NASルネサンス
イーストタワーズ
越中島公園
古石場一丁目
牡丹町公園
牡丹二丁目
牡丹三丁目
古石場川親水公園
佃一丁目
佃小学校
佃中学校
佃二丁目
清澄通り
えっちゅうじま
明治丸
(大)
東京海洋大学
相生橋
晴海運河
古石場二丁目
古石場三丁目
東陽町へ
東京メトロ有楽町線
佃三丁目
つきしま
越中島二丁目
新木場へ
深川第三中学校
越中島小学校
古石場図書館
古石場文化センター

1

深川不動尊

成田山新勝寺の東京別院。元禄16年（1703）の出張開帳が始まりで、境内には出世稲荷や深川龍神もまつられている。開創300年を記念して建立された内仏殿4階の天井画は中島千波による。

富岡八幡宮

寛永4年（1627）に開かれ、江戸の庶民に親しまれてきた。境内には横綱力士の石碑や伊能忠敬の銅像がある。夏の深川八幡祭りの3年に1度の本祭りは、神輿が50基あまり出て盛大に行なわれる。

2

法乗院えんま堂

3

江戸時代から「深川のえんまさん」として親しまれてきた。最近ではハイテクを駆使したえんま堂で知られる。さい銭を入れるとえんま像のお告げが聞けるというもの。開門7時～16時30分。

4

清澄公園

清澄庭園の一部が公園として昭和52年（1977）に開放されたもの。木立に囲まれて広大な芝生広場やジャブジャブ池、あずまやなどがある。

清澄庭園

紀伊国屋文左衛門の屋敷跡と伝えられていた土地を岩崎弥太郎が買い取り造園。のちに東京都に寄贈された。水鳥が遊ぶ広い池の周囲に茶室や芭蕉の「古池や」の句碑などがある。開園9～17時、年末年始休、大人150円、☎03(3641)5892

5

江東区芭蕉記念館

松尾芭蕉の書いた手紙、肖像画などのほか研究資料や図書を所蔵。庭園の築山には芭蕉庵を模した祠があり、また芭蕉の句にちなんだ植物が植えられている。付近に芭蕉稲荷などもある。開館9時30分～17時、月曜(第2・4月曜が祝・休日の場合は翌日)休、大人100円、☎03(3631)1448

芭蕉庵史跡展望庭園

隅田川大橋

隅田川に架かり、一般道の上には首都高速9号深川線が通る2階建ての橋。上流にはドイツ・ライン川のケルン橋に似せたという清洲橋、下流には大正15年に完成したアーチ橋の永代橋、その向こうに佃島の高層マンション街が眺められる。

水天宮

隅田川大橋から東京シティエアターミナルの前を通って歩いて行くと、右側の駄菓子屋の上に水天宮がある。三田にあった久留米藩の江戸屋敷にまつられていた久留米水天宮が、明治5年（1872）に移転したもの。安産祈願の参詣者が多く、腹帯も販売している。

甘酒横丁

江戸時代には、浄瑠璃の人形師の店が並んでいた人形町と、大名屋敷のあった浜町をつなぐ横町として繁栄していた。現在、和菓子店玉英堂のある所に甘酒屋があったという。三味線屋、つづら屋から、寿司屋、そば屋、豆腐屋まで、さまざまな老舗が並んでいる。

JOY グルメスポット

不動堂参道では、おしるこ、餅、あんみつなど甘味のデパート伊勢屋☎03(3641)0695が人気。あげまん、せんべい、きんつばなどの老舗が軒を連ねる参道のなかで、異色なのは本格フランス菓子のサロン・ド・ペリニィヨン☎03(3643)7183。フレッシュなケーキを店内でも味わえる。不動堂前の近為《きんため》☎03(3641)4561で、ぶぶ漬け1260円～など京都の味を楽しむのもよい。煎餅や煎り豆では永代通りに面したみなとや(写真右)☎03(3641)1970ものぞいてみたい。人形町では軍鶏《しゃも》料理の玉ひで☎03(3668)7651(写真下)。お昼時には元祖の親子丼800円が食べられる。

そのほか、洋食屋さんも定評のある老舗が多い。おみやげには、餡がたっぷり入った重盛永信堂☎03(3666)5885の人形焼、いつも行列の柳屋☎03(3666)9901のたいやきがおすすめ。

16

臨海地帯に広がる公園で緑と親しむ

辰巳の森緑道公園から夢の島公園

所要時間　約1時間15分

東京メトロ辰巳駅
▶ 徒歩2分
1 辰巳の森緑道公園
▶ 徒歩10分
2 辰巳の森海浜公園
▶ 徒歩10分
3 東京辰巳国際水泳場
▶ 徒歩5分
4 曙水門
▶ 徒歩8分
5 夢の島公園・ゆうかり橋
▶ 徒歩5分
6 第五福竜丸展示館
▶ 徒歩3分
7 夢の島熱帯植物館
▶ 徒歩5分
8 夢の島マリーナ
▶ 徒歩20分
9 木の店ウッディプラザ
▶ 徒歩5分
JR・東京メトロ新木場駅

夢の島熱帯植物館は、海に浮かんだあぶくのような形が特徴的

夢の島といえばゴミの島のイメージは昔のこと。運河に囲まれたこの一帯は、緑の運動公園として、みごとに姿を変えた。

地下鉄辰巳駅から地上に出ると、そこが辰巳《たつみ》の森緑《もりりょく》道《どう》公園。背後には小高い築山がある。高速道路の下のループ橋を渡り、桜並木を横切り、三ツ目通りを北上すると辰巳の森海浜公園。ぐるりと回って桜並木に出ると、左には東京辰巳国際水泳場が見える。曙《あけぼの》水門を左手に運河を横断し、夢の島緑道公園をぬける。

開放的な桜並木

明治通りを渡って北上すれば、夢の島公園入口のゆうかり橋。トーテムポールが出迎える。競技場の横を進むと、ビキニ環礁で被爆した第五福竜丸展示館。うっそうと茂るユーカリ林の向こうには、ドーム型の夢の島熱帯植物館。熱帯植物をはじめ、植物と人の関わりを楽しく学べる。

いこいの家の横をぬけると、夢の島マリーナが眼下に広がる。桟橋のベンチでゆっくりくつろぎたい。

公園内を散策しながら、新木場駅へ。木場といえば貯木場。駅前の電話ボックスも木製だ。木の店ウッディプラザに立ち寄りたい。

四季の彩り

4月初旬、辰巳の森緑道公園の桜並木がピンクに彩られる。夢の島公園のユーカリ林前の花壇も鮮やか。

夢の島公園は熱帯植物館の内も外も夏一色。ユーカリやソテツの葉が潮風にそよいで輝く。

夢の島競技場脇のポプラ並木が色づく。

夢の島マリーナの運河にはカモの仲間のハジロ類などの水鳥が遊ぶ。

16 辰巳の森緑道公園から夢の島公園

1

辰巳の森緑道公園

辰巳富士と呼ばれる築山を中心に、プールや運動広場のある緑豊かな公園。桜並木がつづく石畳の道は、季節を問わず爽快に歩ける。区民に開放された農園もこの場所にある。

辰巳の森海浜公園

池や広場のある一般開放公園だが、ディスクゴルフ、シャッフルボードなどのニュースポーツ施設も備える。用具貸出し9時～17時、1時間150円、年末年始休、☎03(5569)8672

2

3

東京辰巳国際水泳場

外観は羽ばたく鳥をイメージした国内外の競技が開催される水泳施設。メインプールは水深を調節できる可動床を採用している。

4

曙水門

埋立地の辰巳(7号地)と夢の島(14号地)の間の曙運河に設けられた水門。コース中では、ほかに辰巳水門と新砂水門を見ることができる。

夢の島公園・ゆうかり橋

5

ゴミの埋立処分場の跡地に整備された面積43haの総合公園。園内には、熱帯植物館のほか、第五福竜丸展示館、陸上競技場、多目的コロシアムなどの施設が設けられている。多摩動物公園のコアラの餌となるユーカリも栽培されている。☎03(3522)0281

6

第五福竜丸展示館

昭和29年、太平洋マーシャル諸島での操業中に、ビキニ環礁でアメリカの水爆実験の被害を受けたマグロ漁船第五福竜丸を展示。核兵器の恐ろしさを伝える。開館9時30分～16時、月曜（休日の場合は翌日）・年末年始休、☎03（3521）8494

7

夢の島熱帯植物館

熱帯植物と生活との関わりをテーマに、大温室、映像ホールや情報ギャラリーなどが設置されている。メインは花いっぱいの3つのドーム型大温室。これら施設のエネルギーは、隣接する江東清掃工場から送られてくる高温水を利用。開館9時30分～17時、月曜（休日の場合は翌日）・年末年始休、大人250円、☎03（3522）0281

8

夢の島マリーナ

東京都で最大級のマリーナ。マリンセンター1階にはマリンショップ、2階にはレストランもあり、マリーナを展望できる。

木の店ウッディプラザ

9

「なんでも鑑定団」の木の鑑定士村山氏による、木材や木工製品の展示販売店。まるで木の博物館。営業11～18時、月曜・年末年始休、☎03（5569）5244

JOY グルメスポット

熱帯植物館のなかの夢の島喫茶室☎03(3522)0281では、オオオニバスをガラス越しに楽しめる。ハッタイ600円やナシゴレン650円などのエスニック料理、1日限定12食のロイヤルハワイアン680円などのトロピカルデザートがおすすめ。東京スポーツ文化館BunB（ぶんぶ）ではレストランの利用も可能。木の店ウッディプラザの隣でゆっくりくつろげるのがログハウスレストランのウッドラーク（写真下）☎03(3521)5507。気軽に飲めるハウスワインはグラス400円。日替りランチ800円～はボリュームたっぷり。ケーキセットは650円。

17

東京湾の自然と水路の空間を満喫する都民いこいの場

葛西臨海公園から新左近川親水公園

所要時間 約1時間40分

JR京葉線葛西臨海公園駅 → 徒歩6分 → 1 葛西臨海水族園 → 徒歩19分 → 2 鳥類園ウォッチングセンター → 徒歩10分 → 3 クリスタルビュー → 徒歩6分 → 4 葛西海浜公園 → 徒歩15分 → 5 ダイヤと花の大観覧車 → 徒歩10分 → 6 臨海町緑道 → 徒歩7分 → 7 新左近川親水公園 → 徒歩9分 → 8 新長島川親水公園 → 徒歩12分 → 東京メトロ東西線西葛西駅

臨海水族園の人気者フンボルトペンギン

水族園にはじまり、池、なぎさ、小川、水路とさまざまな水の形態にふれる一日をすごしてみよう。

葛西臨海公園《かさいりんかいこうえん》駅は公園の入口。中央広場から左手に見えるドームが葛西臨海水族園で、見学時間は1時間はみておきたい。鳥たちの聖域、鳥類園ウォッチングセンターでは、淡水と汽水の池が水鳥を待つ。展望レストハウス・クリスタルビューからは、東京湾が目の前に広がる。

葛西渚橋を渡ると、そこは葛西海浜公園西なぎさ。汐風の広場を護岸沿いに進むと、芦ヶ池。木の吊り橋を渡り小川沿いに散策し、ダイヤと花の大観覧車と蓮池のある芝生広場へ。

臨海公園内を走る
SL型パークトレイン「なぎさ」

高速道路を臨海橋で渡ると、臨海町緑道に入る。なだらかなスロープのかもめ橋が出迎える。上りきった眼下が新左近《さこん》川親水公園だ。臨海町緑道と平行に流れる水路は、新長島川親水公園。噴水広場を終点に緑道にもどれば、日時計のモニュメント。大通りを横切れば、西葛西駅も近い。

四季の彩り

3月、芦ヶ池の水際をあでやかなミモザの黄色い花が彩る。

西なぎさには貝やカニ、シャコの仲間も見られ、子どもたちの水遊び場としてにぎわう。

葛西臨海公園内の池や沼では、アシなどの穂が傾いた陽射しに輝く。ヒガンバナやノコンギクなどが秋風に揺れる。

保全地域として立入禁止の東なぎさは野鳥の天国。鳥類園でも冬の渡り鳥ガン・カモ科の水鳥を観察できる。

17 葛西臨海公園から新左近川親水公園

東陽町へ
東京メトロ東西線
にしかさい
西葛西図書館
0 100 200 300 400 500m
かさい
浦安へ
首都高速中央環状線
中川
駅前公園
西葛西六丁目
西葛西五丁目
葛西親水四季の道
清新第一小学校
公団清新北ハイツ
江戸川区球場
虹の広場
わかくさ公園
日時計のモニュメント
区立総合レクリエーション公園
葛西クリーンタウン
清新町一丁目
西葛西六丁目
西葛西七丁目
葛西中央通り
葛西第三中学校
葛西第四小学校
公団清新南ハイツ
新長島川親水公園
清新第三小学校
虹の広場通り
瑞田6株公園
中葛西八丁目
堀江並木通り
清新町二丁目
清新第二中学校
江戸川プールガーデン
中葛西七丁目
荒川
西葛西テニスコート
環七通り
江戸川陸上競技場
清新第二小学校
かもめ橋
海岸水門橋
蜆橋
つばさ橋
新左近川
ボート乗り場
ボート乗り場
南葛西一丁目
新左近川水門監視所
新左近川マリーナ
新左近川親水公園
中左近橋
左近川公園
都立葛西南高校
都立紅葉川高校
臨海町一丁目
臨海小学校
江戸川区
フラワーガーデン
堀江第四公園
臨海町二丁目
南葛西三丁目
サッカー場
ラグビー場
臨海球技場
臨海町緑道
ロッテ葛西ゴルフ練習場
東京都中央卸売市場葛西市場
臨海町三丁目
野球場
葛西Jct
東京団地倉庫
臨海町四丁目
臨海橋
湾岸道路
新木場へ
JR京葉線
357
葛西トラックターミナル
臨海町五丁目
臨海町六丁目
葛西出口
葛西入口
357
芝生広場
かさいりんかいこうえん
首都高速湾岸線
南葛西五丁目
ダイヤと花の大観覧車
東京都下水道局葛西水再生センター
蓮池
シーサイド江戸川
公園サービスセンター
中央広場
芦ヶ池
レストランブルーマリン
水の広場
JR京葉線
西なぎさレストハウス
葛西臨海公園
クリスタルビュー
上の池
下の池
海浜公園管理事務所
汐風の広場
葛西臨海水族館
鳥類園ウォッチングセンター
舞浜へ
旧江戸川
東京水辺ライン
東京都観光汽船
展望広場
西なぎさ
葛西渚橋
レストランシーウインド
葛西
葛西海浜公園
東なぎさ

葛西臨海水族園

直径100m高さ21mのガラスドームの本館には、約650種の生物が飼育展示されている。ドーナツ型回遊水槽のサメ・マグロは必見。開園9時30分～17時、水曜（祝日の場合は翌日）・年末年始休、大人700円、☎03(3869)5152

鳥類園ウォッチングセンター

鳥類園の上ノ池（淡水）と下ノ池（汽水）の間を通る観察路の終点にある、円形2階建ての施設。映像やパネルによる展示が楽しめるほか、四季を通じて双眼鏡による野鳥の観察ができる。開園9時15分～16時30分、☎03(5696)1331

クリスタルビュー

公園のメインストリートにひときわ目をひくのが、この展望レストハウス。名前のとおり総ガラス張りで、東京湾を一望できる2階からの眺めは壮観。公園の中央に位置し、休憩に最適。

葛西海浜公園

渚橋で結ばれた人工渚。東なぎさは野鳥・貝類の保護のため立入禁止だが、西なぎさは一般に開放されており、水遊び、砂遊びが楽しめる。ただし遊泳は禁止。

5

ダイヤと花の大観覧車

50億カラットのダイヤと大輪の花が葛西のの夜を華やかに演出する地上117mの日本最大級の大観覧車。約17分の空中散歩を楽しめる。営業10～20時（休日は～21時）、水曜（祝日の場合は翌日）休、大人700円、☎03(3686)6911

蓮池

6

臨海町緑道

近隣の住民の生活道路で、臨海球技場からかもめ橋を渡り江戸川区球場までつづく街路樹の多い道。歩行者のために、自転車道は別に設けてある。親水空間、花壇、モニュメントが点在し、新緑、紅葉の季節を問わずさわやかな散歩道である。

新左近川親水公園

7

平成６年にオープンした、江戸川区では４番目の親水公園。東西に流れる新左近川の水門の間が約１kmにわたって整備されている。かもめ橋をはさんで、左側が新左近川マリーナ、右側はボート場やバーベキューを楽しめる憩いの広場で、季節を問わずにぎわう。

新長島川親水公園

8

新左近川から総合レクリエーション公園まで臨海町緑道と平行に歩く、こぢんまりとした親水空間。新左近川とは趣の異なる小さな水路で、円形状の噴水や木製の脇道を歩く池が配置されている。

JOY グルメスポット

葛西臨海公園を散策中にお腹がすいたら、公園中央のレストランブルーマリン☎03(5658)4095へ。天丼1000円など。水族館内のレストランシーウインド（写真上）ではデッキから東京湾を望める。ちょっとゴージャスな雰囲気を味わいたい人には区営のホテルシーサイド江戸川（写真右）☎03(3804)1180のレストランがおすすめ。

18

寅さんゆかりの地に下町情緒を訪ねる

柴又帝釈天と柴又七福神めぐり

所要時間 約1時間25分

京成金町線 柴又駅 ▶ 徒歩6分 ▶ 1 柴又帝釈天 ▶ 徒歩3分 ▶ 2 山本亭 ▶ 徒歩3分 ▶ 3 寅さん記念館 ▶ 徒歩7分 ▶ 4 真勝院 ▶ 徒歩6分 ▶ 5 良観寺 ▶ 徒歩12分 ▶ 6 万福寺 ▶ 徒歩7分 ▶ 7 宝生院 ▶ 徒歩5分 ▶ 8 医王寺 ▶ 徒歩30分 ▶ 9 観蔵寺 ▶ 徒歩5分 ▶ 京成本線 京成高砂駅

参拝客が絶えない帝釈天参道。毎月10日は寅さんの日

室町時代にはじまり、江戸時代に盛んになった七福神詣。柴又七福神は帝釈《たいしゃく》天の毘沙門《びしゃもん》天からスタート。

柴又駅前から続く帝釈天参道には草だんご、せんべい、佃煮、飴の実演販売、川魚料理、はじきザルなど、名物やみやげものが並ぶ。

さくらみちに立つ七福神道標

七福神の御朱印帳

帝釈天は七福神の毘沙門天がまつられている。毘沙門天は多聞《たもん》天ともいい、軍神で災難よけの神様だ。七福神色紙に御朱印を受けてまわるのも記念になる。ほかに山門や鐘楼、瑞龍松、御神水など見どころは多い。

裏手にある山本亭から柴又公園をのぼり、エレベーターで下りて寅さん記念館へ。あの寅さんのカバンの中身も公開されている。

真勝院から京成金町線の線路ぎわにある良観寺へ。向かいの水道局の桜、柴又街道のイチョウ並木も美しい。そして銭湯の煙突を背後にした万福寺、昔の山寺の雰囲気を感じさせ庭に花々が咲く宝生院、新柴又駅近くの医王寺へと続く。

さくらみち（旧佐倉街道）に出て、自動車学校の右を歩いていくと舗道が狭くなってくる。庶民的な高砂商店街をぬけ、線路ぎわの観蔵寺へ。めでたい散歩も無事ゴール、大いに福を得て幸せな一年となりますように。

四季の彩り

柴又公園の斜面に色とりどりのツツジが咲く。

7月下旬に葛飾納涼花火大会が江戸川河川敷・柴又野球場で開催される。

江戸川河川敷・矢切の渡し公園のコスモスが川風に揺れる。柴又帝釈天境内では菊花展が開かれる。

正月の5日ごろ、柴又帝釈天周辺で、はしご乗りが披露される。

18 柴又帝釈天と柴又七福神めぐり

柴又帝釈天

日蓮宗、経栄山題経寺。寛永6年（1629）の創立。日蓮聖人が刻まれた帝釈天の本尊が安置されていたが所在不明となり、安永8年（1779）の庚申の日に出現したことから、庚申の日の縁日にはたくさんの参拝客でにぎわう。境内にある帝釈堂の外壁には法華経説話を題材とした木彫りが施され、彫刻ギャラリー（拝観料400円）となっている。映画「男はつらいよ」でおなじみの寺。

山本亭

山本亭は大正末期から昭和初期にかけて建築された和洋折衷の珍しい建物。築山や滝のある日本庭園を前に好きな場所でお菓子とお茶（有料）がいただける。開館9～17時、第4月曜・年末休、大人100円、☎03（3657）8577

寅さん記念館

寅さんに関する情報がいっぱいの寅さん記念館は、柴又公園やレンタサイクルセンターを含めた観光スポット。吹き抜け広場にある「寅さんの休み石」は人気の記念撮影場所。開館9時30分～17時、第4月曜（祝・休日の場合は翌日）・年末休、大人500円、☎03（3657）3455

ツツジの花で埋まる柴又公園。眼下に山本亭が見える

JOY グルメスポット

帝釈天といえば高木屋老舗（写真下）☎03(3657)3136の草だんご1皿 300円。よもぎの香り豊かなだんごに餡をからめていただく。おみやげ用は630円から。朝7時からの営業、無休。250年の歴史を持つ川千家☎03(3657)4151は川魚料理の老舗。鯉の洗いや鯉こくはぜひ食してみたい。あまい香りで迎えてくれるのはビスキュイ（写真右）☎03(5668)8870に並んだお菓子たち。カスタードクリームを使ったシュークリーム210円やポンポーネ294円が人気。

真勝院

七福神中唯一の女神、弁財天は水の神様。学問、芸能の神、また知恵と財宝の神でもある。山門を入って右にある五智如来石像は区の文化財。

良観寺

布袋尊。度量、忍耐をつかさどり、円満な家庭に恵まれる。境内には100体ほどのやすらぎの地蔵があり、風車に飾られ愛らしい。

万福寺

福禄寿。福は幸福、禄は高禄、寿は長寿の三徳を兼ねる。安置されている福禄寿は年代不明だが、宍戸家に伝えられた家宝仏が本尊。

宝生院

大黒天。米俵に乗って大きな袋と打出の小槌で多くの人々を救済する出世財福のご利益がある。不動明王像は区の文化財。

医王寺

恵比寿天。右手に釣り竿、左手に鯛を抱える、もとは航海と漁業の神様。商売繁盛、また眼病に効くとされるお寺でもある。

観蔵寺

文明元年(1469)の開創。現在の本堂は大正3年(1914)の再建。寿老人は七福神の第一におかれる長命の神で、寿福をつかさどる。

19

広大な公園で水郷散策を楽しむ

しばられ地蔵から水元公園

所要時間　約1時間50分

水元公園バス停 ▶ 徒歩8分 ▶ 1 水元さくら堤 ▶ 徒歩8分 ▶ 2 しばられ地蔵 ▶ 徒歩9分 ▶ 3 松浦の鐘 ▶ 徒歩6分 ▶ 4 水元公園・花菖蒲園 ▶ 徒歩5分 ▶ 5 水元大橋 ▶ 徒歩20分 ▶ 6 バードサンクチュアリー ▶ 徒歩8分 ▶ 7 中央広場 ▶ 徒歩15分 ▶ 8 水元かわせみの里 ▶ 徒歩25分 ▶ 9 葛飾区教育資料館 ▶ 徒歩2分 ▶ 水元小学校バス停

さまざまなハナショウブが咲き競う水元公園

花菖蒲園、ヘラブナ釣りなど、水郷の景観をもつ水《みず》元《もと》公園。その広大な敷地内を中心に歩いてみよう。

ＪＲ常磐線金町駅から京成バスに乗り、水元公園バス停で下車。内溜を右手に水元さくら堤へ。江戸時代の桜土手の面影を残す遊歩道は、自然保護区域で、フジバカマ自生地としても貴重な場所。案内板に導かれて土手を下ると、しばられ地蔵がある。週末と祝日には茶屋で名物の満願どら焼きを煎茶でいただける。

中央広場に隣接するせせらぎ広場

遊歩道にもどり、松浦の鐘から園内に入って小《こ》合溜《あいだめ》の水辺に出る。左手の木立のなかが花菖蒲園だ。水元大橋を渡り、樹齢200年の伝五郎の松、北海道を思わせるポプラ並木やメタセコイアの森をめぐる。

鳥の楽園バードサンクチュアリー、水生植物園をぬけて小休止。中央広場の芝生の丘も爽快だ。

水元かわせみの里から堤を歩く。畑の残る住宅街をすぎ、岩槻街道へ出てすぐのところが葛飾区教育資料館。水元小学校バス停からバスで金町駅へもどる。

四季の彩り

4月初旬、水元さくら堤では約４㎞にわたってソメイヨシノが咲く。香取神社のシダレザクラも有名。

6月、水元公園のハナショウブが次々に咲く。葛飾菖蒲まつり期間中の日曜には、しょうぶ太鼓や大金魚すくいなど、多くのイベントが開かれる。また、スイレン、ハス、アサザなどが水面を彩る。

青空にポプラ並木の黄葉が映える。

水元公園のバードサンクチュアリーはカモ類の観察の好期。12月31日、1月1日は、しばられ地蔵尊の達磨市。体にしっかりと縄が結ばれ、片方の目に梵字の入った結び達磨が売られる。

19 しばられ地蔵から水元公園

1 水元さくら堤

昭和22年(1947)、台風の洪水で枯れてしまった桜を惜しみ、昭和47年(1972)から植樹が始まり、今では都内有数の花見の名所に。春には園内合わせて1300本の桜が満開となる。また、秋には秋の七草散策コースも楽しめる。

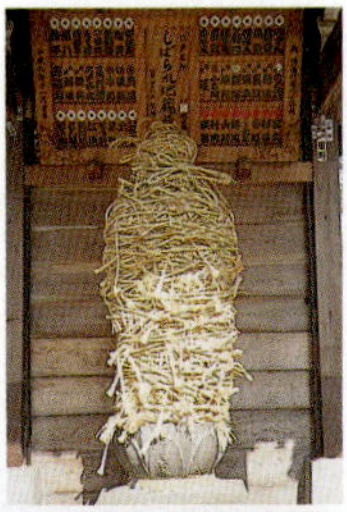

2 しばられ地蔵

約600年前、貞和4年(1348)の開創、業平山南蔵院という。盗難除け、厄除け、縁結びまで霊験あらたかで、願いごとがあれば地蔵を縛り、願いがかなえば縄ときをする。1縄100円。開門8～17時、☎03(3607)1758

3 松浦の鐘

宝暦7年(1757)、村の領主が龍蔵寺に奉納したもの。明治2年(1869)廃寺となったため、村有となり、のちに区有となった。区有の梵鐘は都内唯一で、区の有形文化財。

4 水元公園・花菖蒲園

都内でも最大級の花菖蒲園で、約9500平方mの園内に16枚の田がある。6月になると、白、薄紫、紫と80品種20万本のハナショウブが咲き誇る。毎年葛飾菖蒲まつりも行なわれ、数々のイベントが催される。☎03(3607)8321

5 水元大橋

花菖蒲園からポプラ並木、伝五郎の松、メタセコイアの森へと結ぶ橋。約1900本のメタセコイアは、都立公園では最大規模の森だ。

6

バードサンクチュアリー

園内には3つの観察舎があり、ダイサギ、ゴイサギなど野鳥たちの自然の生態を観られる。観察舎の周辺は水生植物園となっていて、9つの池が点在。スイレン、マコモ、アシ、ガマなど9科22種の水生植物が生育する。

中央広場

中央広場はなだらかな丘の芝生広場で、10万平方mにも及ぶ。一角に、公園内の自然や緑に関する情報が得られる水元グリーンプラザがある。いつも花いっぱいの庭や屋上でひと休みもよい。開館9時30分～16時30分、月曜(祝・休日の場合は翌日)・年末年始休

7

8

水元かわせみの里

水元小合溜を昭和30年代の自然環境に回復させようと、水をきれいにするための施設。館内では淡水魚や水生植物の観察ができる。開館9～17時、月曜(祝・休日の場合は翌日)・年末年始休、☎03(3627)5201

葛飾区教育資料館

9

大正14年(1925)に建てられ、昭和57年(1982)まで使われていた木造校舎を移築し、当時の授業風景を再現している。開館9時30分～16時、月・火曜・年末年始休、☎03(3607)5569

JOY グルメスポット

水元公園内の涼亭（写真左下）☎03(3608)2261では、信州粉を使ったそば各種、天丼 900円がおすすめ。天気のよい日は自然の光や風、緑の香りを感じながら外のテーブルで。岩槻街道沿いの珈琲達磨堂☎03(3609)4497は石の達磨が目印。アンティークランプのほのかな明かりに心が和らぐ。達磨ブレンドコーヒー 700円、ケーキセット1200円（写真下）。和菓子の店なら餡がおいしいと評判の岩月☎03(3607)3921。岩槻街道の東金町4丁目の信号そばにある。かつしか万葉もなかは丹波大納言入り。かつしか散策も好評。

20

子ども連れで楽しめるスポーツ施設も充実した公園

東綾瀬公園から葛西用水親水水路

所要時間 約1時間10分

東京メトロ千代田線綾瀬駅 ▶ 徒歩1分 ▶ 1 東綾瀬公園・入口ゾーン ▶ 徒歩5分 ▶ 2 東京武道館 ▶ 徒歩3分 ▶ 3 東綾瀬公園・健康スポーツゾーン ▶ 徒歩20分 ▶ 4 しょうぶ沼公園 ▶ 徒歩3分 ▶ 5 法立寺 ▶ 徒歩6分 ▶ 6 谷中公園 ▶ 徒歩8分 ▶ 7 大谷田公園 ▶ 徒歩8分 ▶ 8 葛西用水親水水路 ▶ 徒歩10分 ▶ 9 足立区立郷土博物館 ▶ 徒歩1分 ▶ 足立郷土博物館バス停

満開の桜の下で遊べる東綾瀬公園

水と緑のうるおう町、足立。花畑川の水の流れをたどって歩く、せせらぎ散歩に出かけよう。

東綾瀬公園は綾瀬駅前(東口)から始まり、入口ゾーンの花壇には季節の花々が植えられている。オレンジ色の動くモニュメントの左手に菱形を積み重ねた建物、東京武道館が出現する。弓具や剣道具を抱えた学生の姿が目につく。

子どもたちに人気のしょうぶ沼公園

東京武道館の裏手から、こんもりとした林へ。春は桜の名所となる東綾瀬公園は、住宅街のなかを走る川のように細長い。園内には健康スポーツゾーンやせせらぎ水路がつづく。

そのせせらぎはしょうぶ沼公園の中居堀親水水路となり、花菖蒲園にそそぐ。藤棚の下のベンチでお弁当を開くのもいいだろう。

法立《ほうりゅう》寺、谷中公園をすぎ、環七通りを渡って大谷田《おおやた》公園へ。梅林もあって梅の公園とも呼ばれている。

桜並木の葛西用水親水水路に出る。いずれの水路も花畑川からの取水。移り変わる水辺の景色に目をやりながら歩いていくと、東渕江橋前の足立区立郷土博物館に着く。併設された東渕江庭園の散策も静かでゆったりとした時が流れる。博物館前からバスで亀有駅へ。

四季の彩り

東綾瀬公園、葛西用水の桜が薄紅色に染まり、美しく並木を彩る。大谷田公園のツツジは小規模ながら楽しめる。

6月中旬、しょうぶ沼公園ではショウブとアジサイの花が同時に楽しめる。東綾瀬公園のじゃぶじゃぶ池は夏休み期間中にオープン。

10月第2月曜(体育の日)、東京武道館ではスポーツウエアと室内シューズがあれば、だれでも自由に武道体験ができる。初心者にも親切に指導。

20 東綾瀬公園から葛西用水親水水路

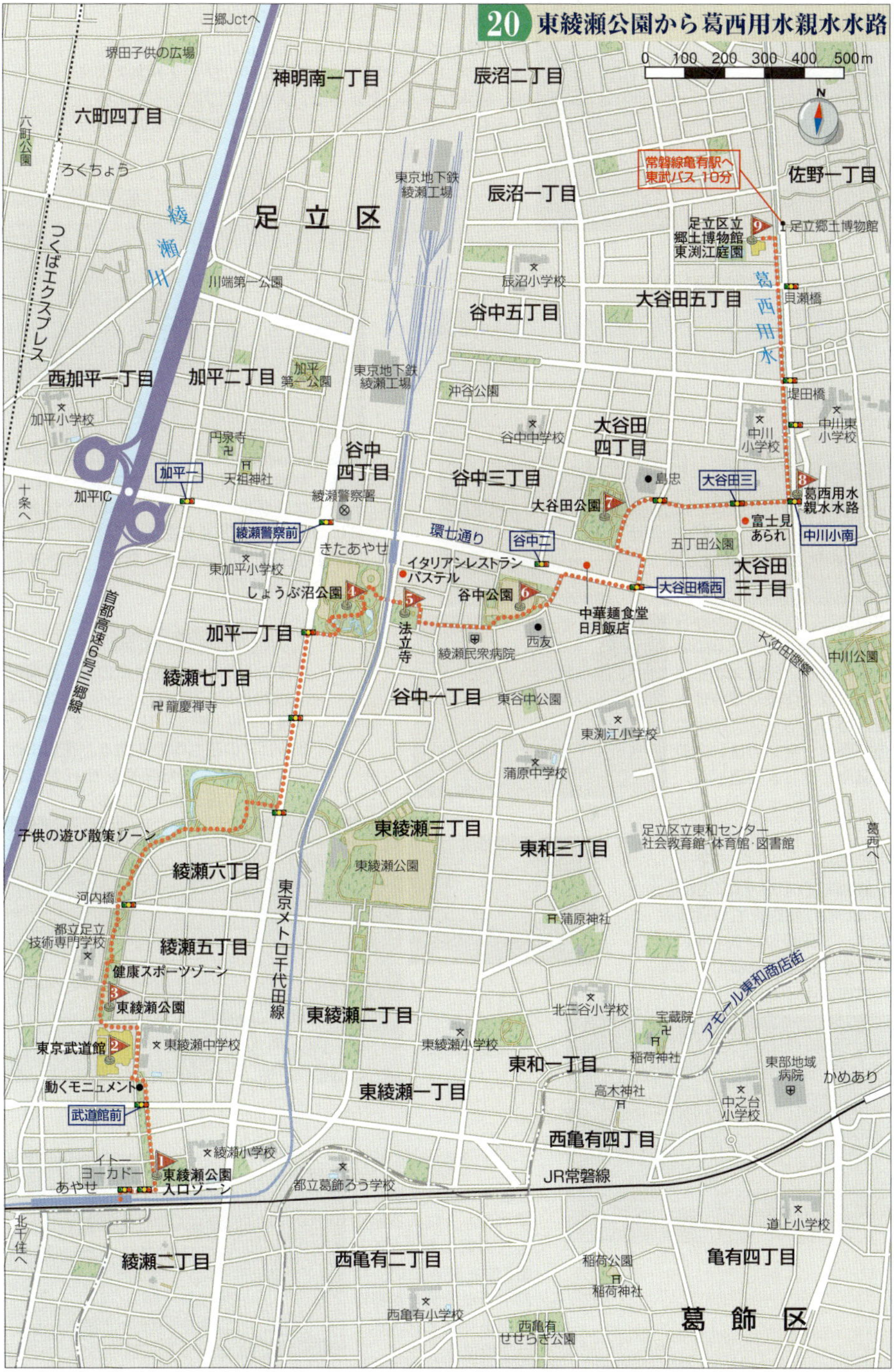

東綾瀬公園・入口ゾーン

都立東綾瀬公園は昭和41年(1966)にオープン。園内にはテニスコートや野球場、運動広場、フィットネス広場、温水プールなどがあり、大きく３つのゾーンに分けられている。入口ゾーンにはお祭り広場や水のプロムナードがある。

東京武道館

柔道、剣道、弓道などの武道スポーツ施設。トレーニングルーム（２時間450円、体育の日は無料）や研修室もある。開館9～21時、第３月曜(祝・休日の場合は翌日)・年末年始休、☎03(5697)2111

東綾瀬公園・健康スポーツゾーン

園内には、ワシントンからの里帰り桜の一部、850本の桜がある。健康スポーツゾーンは、体操や草野球を楽しめるスペース。子供の遊び散策ゾーンでは、木製遊具やせせらぎで遊べる。

しょうぶ沼公園

６月に入ると、３連水車のある菖蒲田に約70種6500株のハナショウブが咲き競う。桜、チューリップ、アジサイ、サルビアの花も季節を飾る。花畑川から水を引き入れた滝やせせらぎもあり、憩いの場となっている。

法立寺

北綾瀬駅のすぐそばにあり、約500年の歴史をもつ日蓮宗の寺。６月初旬から中旬にかけて赤い実をつけるヤマモモの大木はみごと。

谷中公園

23区内の区立公園の面積ベスト３に入る足立区。公園の数も296と第3位を誇る。いっけん小さな公園だが野球場がありフェンスにそって歩ける。

大谷田公園

梅の公園として親しまれ、2月上旬から中旬にかけての見ごろには約200本の梅が花開く。桜やツツジもみごと。また無料で使えるバーベキュー施設もあって、家族連れの姿も多い。

葛西用水親水水路

4年半の歳月をかけ平成4年(1992)に完成した水路は約3.5㎞におよぶ。水路には浮遊橋、日時計、噴水、滝などがあり桜並木を水の流れに沿って歩く散策コースとなっている。

足立区立郷土博物館

館内には祭礼に使われた山車や紙漉き場のある農家の土間などがあり、足立の歴史や暮らしをわかりやすく展示している。開館9～17時、月曜（祝・休日の場合は翌日）・年末年始休、大人200円、☎03(3620)9393

回遊式庭園の東渕江庭園を併設、無料で開放

JOY グルメスポット

北綾瀬駅そばで本格的なイタリア料理を味わえるのが、イタリアンレストランパステル☎03(5682)4110（写真右）。ランチタイムのスパゲティセット900円は、パスタにサラダ、コーヒーまたはシャーベットが付く。中華麺食堂日月飯店☎03(3628)5323は担々麺730円の人気店だが、前菜、一品料理、デザートと、どれも充実。精米から焼きまでを手がける富士見あられ☎03(3605)2777は、各種のあられ（写真左）を1種ごとに袋詰めして500円均一で直販売。

21 歴史ある名刹からベッドタウンの近代的公園へ

東京大仏から光が丘公園

所要時間　約2時間

都営三田線西高島平駅 ▶ 徒歩21分 ▶ 1 諏訪神社 ▶ 徒歩9分 ▶ 2 板橋区立郷土資料館 ▶ 徒歩2分 ▶ 3 板橋区立美術館 ▶ 徒歩5分 ▶ 4 乗蓮寺 ▶ 徒歩6分 ▶ 5 板橋区立赤塚植物園 ▶ 徒歩8分 ▶ 6 松月院 ▶ 徒歩11分 ▶ 7 しのがやと公園 ▶ 徒歩35分 ▶ 8 光が丘公園 ▶ 徒歩15分 ▶ 9 練馬区立温室植物園 ▶ 徒歩6分 ▶ 都営大江戸線光が丘駅

東京大仏と呼ばれる乗蓮寺の阿弥陀如来座像

江戸時代の荒れ地「徳丸ケ原」が、田園地帯をへて住宅団地へと変貌してきた歴史を実感できるコース。

西高島平駅前の水色の歩道橋を渡り、住宅地を歩く。首都高の下で歩道橋を渡り、赤塚公園に下りる。雑木林の階段を上り、諏訪神社へ。竹の子公園は竹林が涼しげ。赤塚溜池公園には釣り人の多い溜池と板橋区立郷土資料館、左手の林を登ると、赤塚城址の草の広場がある。板橋区立美術館では企画展に注目したい。

美術館を出て不動の滝を見学したら、乗蓮寺《じょうれんじ》へ。閻《えん》魔《ま》堂の前から石段を上り、東京大仏を拝観。板橋区立赤塚植物園も近いので寄っていこう。松月院には、高島平の名の由来となった高島秋帆《しゅうはん》の顕彰碑がある。

松月院通りを渡り、松月院大堂を見たら、緑道を通ってしのがやと公園へ。住宅地のなかを歩き、東武東上線の踏切をすぎると川越街道に出る。クランク状に進み、光が丘公園に入る。

公園を縦断したら、光が丘団地のなかの練馬区立温室植物園で南国気分を味わい、光が丘駅へ向かおう。

おねがい
カントウタンポポは、日本在来のタンポポです。
都区部で多く見られるのは、ここだけです。
はいらないでね。

カントウタンポポも咲く光が丘公園

四季の彩り

4月初旬からは光が丘公園内に約600本ある各種のサクラが開花し、お花見を楽しむ人々が集う。4月、赤塚城址や赤塚植物園では、板橋区の花ニリンソウが可憐な花を咲かせる。

8月中旬、赤塚城址ではキツネノカミソリの朱色の花が見られる。

11月下旬、赤塚城址や赤塚植物園、光が丘公園で紅葉狩りやドングリ拾いが楽しめる。光が丘公園のイチョウ並木の黄葉もみごと。

2月13日夜、諏訪神社で国指定重要無形民俗文化財の田遊びが行なわれる。光が丘公園の梅園では、2月に梅が咲き、メジロなどの野鳥も飛来する。

21 東京大仏から光が丘公園

1

諏訪神社

15世紀末に赤塚城主千葉自胤が諏訪大社の分霊を勧請してまつった。２月13日夜に行なわれる田遊びの神事は、国の重要無形民俗文化財に指定されている。隣接して竹林を生かした竹の子公園があり、竹の玩具の作り方の解説板がある。

赤塚溜池に面し、古い建造物を屋外展示している

板橋区立郷土資料館

2

「田遊び」のビデオや石器・土器、戦時中の千人針や慰問袋など館内展示が多彩で、裏手に古民家が移築されている。開館９時30分～17時、月曜（祝・休日の場合は翌日）・年末年始休、特別展は有料の場合あり。☎03(5998)0081

3

板橋区立美術館

昭和54年、23区で初めての区立美術館として開館。収蔵品は江戸時代のものや前衛美術など、絵画が中心。ユニークな企画展もある。開館９時30分～17時、月曜（祝・休日の場合は翌日）・展示替期間・年末年始休、展示によっては有料、☎03(3979)3251

乗蓮寺

室町時代に板橋宿に創建された古刹で、昭和48年国道拡幅工事により現在地に移転。昭和52年に完成した阿弥陀如来座像は奈良、鎌倉の大仏に次ぐ日本第３の大きさの青銅仏で、東京大仏と呼ばれる。境内には布袋、七福神などの石像が点在する。近くに富士講や大山講の行者が参詣前に禊ぎをしたという、不動の滝がある。

4

5

板橋区立赤塚植物園

小高い芝生広場を中心に「野草の道」や「四季の道」が整備され、多様な植物を見ながら散策できる。日本庭園や「香の散歩道」もある。開園９時～16時30分（12～２月は～16時）、年末年始休、☎03(3975)9127

6 松月院

千葉自胤の菩提寺。幕末に日本最初の洋式砲術訓練を行なった際は本陣兼宿泊所として利用され、訓練を指揮した高島秋帆を顕彰する碑が境内にある。松月院通りをはさんで建つ大堂は、南北朝初期には七堂伽藍が立ち並ぶ大寺院だった名残りで、鐘楼には暦応３年（1340）の銘がある梵鐘が下げられている。

大堂

7 しのがやと公園

かつてこの公園の付近に清流が流れ、谷状になった所が篠竹におおわれて篠ヶ谷戸と呼ばれていたため、その名が公園名に残された。保育園が隣接し、子どもたちの歓声が絶えない。

光が丘公園

陸軍成増飛行場から米軍の管理を経て昭和56年に都市公園として整備がスタート。中央の芝生広場や野球場、陸上競技場などを除けば豊かな林に囲まれ、光が丘駅とは水景施設と広いイチョウ並木で連結している。

8

練馬区立温室植物園

清掃工場の余熱を利用した温室内に、熱帯と亜熱帯の植物を250種栽培。隣に区立花とみどりの相談所があり、２階に図書コーナーもある。開園９時30分～16時30分（区立花とみどりの相談所は９～17時、相談受付10～16時）、火曜（祝日の場合は翌日）・年末年始休、☎03（3976）9402

9

グルメスポット

乗蓮寺近く、「大仏そば」の看板がめだつ蕎麦店は萬吉禎（まんきちてい）☎03（3939）5189。粗挽きの自家製粉で、もちろん手打ち。大仏そば900円は、しそ、海苔、ゴマの三色が乗った冷たい蕎麦（写真）。粉と塩だけを使った焼き菓子の麦棒や蕎麦棒、国産チーズと甜菜糖を使ったチーズケーキもおすすめ。また、光が丘駅前のＩＭＡ地下１階の大盛軒☎03(3976) 0848の広東麺は、コクのある醤油味のスープにあんがたっぷりかかっている。

22

武蔵野の雑木林と野菜畑のなかを歩く

石神井公園からちひろ美術館

所要時間　約1時間50分

西武池袋線練馬高野台駅 ▶ 徒歩8分 ▶ 1 長命寺 ▶ 徒歩21分 ▶ 2 石神井池 ▶ 徒歩12分 ▶ 3 練馬区郷土資料室 ▶ 徒歩4分 ▶ 4 道場寺 ▶ 徒歩4分 ▶ 5 三宝寺 ▶ 徒歩5分 ▶ 6 氷川神社 ▶ 徒歩5分 ▶ 7 三宝寺池 ▶ 徒歩25分 ▶ 8 禅定院 ▶ 徒歩18分 ▶ 9 ちひろ美術館 ▶ 徒歩9分 ▶ 西武新宿線上井草駅

四季折々の彩りを映し出す三宝寺池

練馬大根で有名な農村だった練馬。この一帯を治めていた豊島氏の歴史が残る街を散歩する。

練馬高野台駅の北口に出て、「練馬区歴史と文化の散歩道」を石神《しゃくじ》井《い》東中学校の塀沿いに歩く。笹目通りを渡ると、すぐに長命寺だ。南大門から長命寺通りに出て、西武池袋線の踏切を渡る。石神井公園駅、商店街をすぎ、最初の信号を左に折れて坂を下ると、石神井池。ちびっ子釣り場や対岸の木々を眺めながら池の北側の道を歩き、石神井池と三宝寺池の間の道に出る。道を渡って左に折れると練馬区郷土資料室がある。

愛らしい子どもの像が迎えてくれるちひろ美術館の入口

道場寺、三宝寺、さらに氷川神社へと立ち寄り、本殿右手にある小さな鳥居から木立のなかの小道を下ると、三宝寺池に出る。池の周りには木道が敷かれ、雑木林のなかで自然散策を楽しめる。三宝寺池を一周し石神井池の南側を歩く。

石神井池を出て、石神井公園通りを右に曲がるとすぐに禅定院。豊島橋を渡り、野菜畑のなかの道を行き、新青梅街道を渡るとちひろ美術館に着く。帰りは千川通りを渡り、上井草駅へ。

四季の彩り

石神井公園で、ソメイヨシノやヤマザクラ、コブシのお花見。室町時代の中期、石神井城主の娘で落城とともに三宝寺池に入水したという照姫にちなむ「照姫祭」が4月に開催される。

セミの声を聞きながら、石神井池でボート遊びを楽しめる。8月には石神井池で灯ろう流しが行なわれる。

三宝寺池のまわりの木々の紅葉を楽しめる。

1月15日に、石神井公園商店街周辺で獅子舞。

22 石神井公園からちひろ美術館

長命寺

慶長18年（1613）に開かれた真言宗豊山派の寺。東高野山と呼ばれ、庶民の信仰を集めてきた。多くの石仏を参拝できる。

石神井池

石神井池北側の湖畔には、フナやコイが釣れる小・中学生専用のちびっ子釣り場がある。ボート乗り場もあり、家族連れやカップルでボートを楽しむ姿も見られる。ローボート30分520円、サイクルボート30分620円、木曜休。

練馬区郷土資料室

無土器時代から現在までの練馬の姿を展示している。開館 9～17時、月曜（祝・休日の場合は翌日）・第 4 金曜・5 月 4 日・特別館内整理日・年末年始休、☎03（3996）0563

道場寺

石神井城主・豊島輝時が応安 5 年（1372）に、豊島氏の菩提寺として建立。一族の墓と伝えられる石塔 3 基がある。

三宝寺

応永元年（1394）、鎌倉大楽寺の権大僧都幸尊が開いた寺。山門は、三代将軍家光が鷹狩りのときに立ち寄り、御成門と呼ばれる。

氷川神社

主神は須佐之男命。応永年間(1394～1428)に、豊島氏が大宮の武蔵国一の宮氷川神社の分霊を石神井城内にまつったことに始まる。石神井郷の総鎮守として崇敬されてきた。

三宝寺池

三宝寺池は、井の頭池や善福寺池と並ぶ武蔵野三大湧水池のひとつ。コナラやクヌギなどの雑木林のなかの散策路を歩きながら、野鳥や水鳥を観察できる。浮島のミツガシワやハンゲショウなどの沼沢植物群落は、天然記念物に指定されている。

禅定院

文政年間に焼失し、天保4年(1833)に本堂を再建。現在の本堂は昭和53年に完成。境内に寛文12年(1672)の織部灯篭などがある。

ちひろ美術館

子どもの幸せや平和をテーマに描き続けた故いわさきちひろの作品を展示する。2002年9月に全館バリアフリーの建物に一新された。展示室のほか、ちひろのアトリエ、図書室、多目的展示ホールなどを備え、「こどものへや」には授乳室も。1階には「ちひろの庭」を眺められるカフェやミュージアムショップがある。開館10～17時、月曜(祝・休日の場合は翌日)、年末年始、臨時休館あり、2月休、大人800円、☎03(3995)0820

グルメスポット

豊島屋☎03(5393)6793は三宝寺池の岸辺にあり、「御休憩所」の大きな看板が目印。焼きだんご220円、みそおでん400円をはじめ、カレーライスやラーメンなどのメニューも豊富。縁台に座ってひと息つける。石神井公園通りに入ってすぐの左手には、メルクリンの鉄道模型が店内を走る趣味の菓子・大島屋☎03(3995)1138。おさつ棒350円や洋バナナなどの懐かしい味(写真右)が並ぶ。石神井池のほとりにはイタリアン・レストラン・ロニオン☎03(3996)0023(写真左)がある。ランチタイムは11時30分～14時で、ランチメニューは950円、1900円、2600円、3600円の4種類。天気のよい日はテラスでゆっくり食事を楽しみたい。

23

庶民の信仰篤い古寺から精神世界をめぐる公園へ

新井薬師から哲学堂公園

所要時間 約1時間30分

JR・東京メトロ 中野駅
▶ 徒歩6分
1 犬屋敷跡の碑
▶ 徒歩10分
新井薬師参道(薬師あいロード)入口
▶ 徒歩10分
2 新井薬師
▶ 徒歩2分
3 新井薬師公園
▶ 徒歩3分
4 北野神社
▶ 徒歩12分
5 氷川神社
▶ 徒歩24分
6 蓮華寺
▶ 徒歩2分
水の塔公園
▶ 徒歩6分
7 哲学堂公園
▶ 徒歩14分
西武新宿線新井薬師前駅

哲学堂公園の哲理門をくぐり、時空岡の広場へ

中野駅北口を出ると、サンモール、ブロードウエイとにぎやかな商店街がつづく。庶民の街・中野の表玄関だ。中野通りを渡り、サンプラザの前を通って中野区役所へ。入口右手に犬屋敷跡の碑がある。

駅前からつづく2つの商店街をぬけ、早稲田通りに出たら右に行き、最初の信号を渡る。ここから新井薬師参道(薬師あいロード)となり、昔ながらの小さな商店が連なる。靴屋と洋品屋の角を右に入り、郵便局をすぎて歩くと新井薬師だ。

新井薬師の裏手に新井薬師公園がある。中野通りを渡ると、ひょうたん池。その隣に、北野神社がある。薬師橋、西武新宿線の踏切を渡って線路沿いに歩くと、氷川神社は右手にある。

踏切までもどり、大下橋から妙正寺《みょうしょうじ》川沿いに歩く。沼江橋をすぎ、江古田橋手前の橋から雑木林のなかにつづく遊歩道を行く。下田橋を左に曲がり、新青梅街道を渡ると蓮華寺に着く。

水の塔公園を通って哲学堂通りを右に曲がる。グラウンドの先に哲理門があり、哲学堂公園に入る。賢人の知恵を学びながら園内を一巡したら、妙正寺川に架かる四村橋から哲学堂通りを歩き、新井薬師前駅へ。

買い物客でにぎわう中野駅北口

四季の彩り

哲学堂公園は観梅と花見の名所。早稲田通りとの交差点付近から新井薬師公園、哲学堂公園と約2kmにわたる中野通りの桜並木もみごと。4月初旬には中野通り桜まつりも催され、にぎわう。

8月第3土・日曜に氷川神社祭礼が行なわれる。

北野神社では11月酉の日に酉の市、12月31日に餅つきが行なわれる。

23 新井薬師から哲学堂公園

犬屋敷跡の碑

現在、中野区役所がある場所は、五代将軍徳川綱吉が設けた幕府の野犬保護施設があったところ。綱吉は「生類憐れみの令」により、犬の保護策を強行。多くの役人や医者を置き、野犬を飼育をしていた。最盛期には８万数千頭の犬が飼われていたという。

新井薬師

天正年間（1573～1592）に僧行春が開山したとされる新義真言宗の寺。子育て薬師、治眼薬師､厄除けとして庶民の信仰を集めてきた。新井薬師会館大悲殿の軒下には、眼の病気に効くという井戸水がある。

新井薬師公園

かつては新井薬師の境内だったところで、８の日の縁日には植木市が開かれ、屋台が並んだ。見せ物小屋もかかり、多くの人でにぎわった。現在、ひょうたん池のまわりにはベンチが置かれ、のんびりくつろぐ人たちの姿がある。

北野神社

新井町一円の鎮守で、新井薬師と同じく僧行春の創建と伝えられる。境内には、若者たちが力比べに使った力石が奉納されている。

氷川神社

古くからの沼袋一帯の鎮守。太田道灌が豊島氏との合戦の際に、戦勝を祈念して植えた杉は「道灌杉」と呼ばれた。現在は枯根が残っている。

蓮華寺

元文6年(1741)に、名主・深野孫右衛門が、寺社奉行だった大岡越前守に許されて建てた、日蓮宗の寺。哲学館(現東洋大学)設立者で哲学者の井上円了の墓所がある。

哲学堂公園

井上円了博士が、精神修養公園にしようと明治39年(1906)から私財を投じて建設。博士の哲学に基づいて構想されたユニークな公園となっている。時空岡には、四聖堂や三学亭、六賢台、皇国殿などの建物が点在。時空岡から唯物園、唯心庭を歩きながら、静かな時間をすごす人も多い。開園9～17時。

JOY グルメスポット

中野サンプラザには、和食や洋食、中華の落ち着いた雰囲気のレストランがある。新井薬師参道（薬師あいロード）にある但馬屋☎03(3386)2615は、

大正14年(1925)創業の煎り豆専門店。黒大豆や落花生、皮つき落花生、きな粉などが店頭に並ぶ。豆菓子などもあるので、新井薬師へのお参りのおみやげに(写真左)。新井薬師駅南口のコーヒーショップ・門☎03(5380)0871の手作りケーキもおすすめ。シフォンケーキ450円～、コーヒーとシュークリームのセット600円は家庭的な味わい(写真右)。

24

ファミリーで楽しめる善福寺川沿いの遊歩道

善福寺川緑地公園から和田堀公園

所要時間　約2時間20分

JR・東京メトロ荻窪駅 ▶ 徒歩9分 ▶ 1 大田黒記念公園 ▶ 徒歩23分 ▶ 2 善福寺川緑地公園 ▶ 徒歩14分 ▶ 3 熊野神社 ▶ 徒歩21分 ▶ 4 杉並児童交通公園 ▶ 徒歩15分 ▶ 5 松ノ木遺跡 ▶ 徒歩5分 ▶ 6 和田堀公園 ▶ 徒歩7分 ▶ 7 大宮遺跡の碑 ▶ 徒歩9分 ▶ 8 大宮八幡宮 ▶ 徒歩12分 ▶ 9 杉並区立郷土博物館 ▶ 徒歩25分 ▶ 井の頭線西永福駅

子育て守護の信仰がある大宮八幡宮

武蔵野の面影を残す木立がつづく公園や川沿いの道を歩いてみよう。

荻窪駅南口から仲通り商店街に入り、最初の左に入る道を行き、信号を渡る。最初の角を右に行き、つきあたりを右に曲がると、大《おお》田《た》黒《ぐろ》記念公園に着く。

公園から左に行くと善福寺川。この付近は道が細く、民家の軒先が迫っているので静かに歩きたい。川沿いを歩くと神通橋。善福寺川緑地公園の入口で、ここからは緑豊かな遊歩道を歩く。

屋倉橋手前から熊野神社に寄り、尾崎橋をすぎると、杉並児童交通公園。大成橋を渡り、林をぬけて一般道に出る。右に曲がると松ノ木遺跡。道を渡って和田堀公園に入り、和田堀池に出る。八幡橋を渡り、森のなかの道を上ると大宮遺跡の碑。大宮八幡宮の裏手の小道を歩き、鳥居へ。参道を通って本殿に出る。

鳥居を左に出て遊歩道沿いに歩くと、壁打ちテニス場がある。細い道を入ると、杉並区立郷土博物館。帰りは大宮八幡宮までもどり、方南通りを歩いて西永福駅に出る。

遊歩道には小さな彫像が点在する

四季の彩り

4月初旬、善福寺川沿いの600本の桜の下でお花見。5月3、4、5日には大宮八幡宮でつつじ祭（春祭）が行なわれ、お茶会、植木市なども開かれる。

7月中旬の土・日曜日、都立和田堀公園・和田堀池でホタル鑑賞の夕べ。この日だけ、池のひょうたん島に橋が架かる。

9月14、15日の大宮八幡宮の例大祭（秋祭）には、たくさんの露店が参道に並ぶ。

善福寺川に飛来するマガモやコガモ、オナガガモなどの渡り鳥の観察。雑木林には、ムクドリやキジバトの姿が見られる。

24 善福寺川緑地公園から和田堀公園
0 100 200 300 400 500m
N
おぎくぼ
北口
南口
おぎくぼ
2
NTT
荻窪電話局前
JR中央線
天沼一丁目
荻窪五丁目
仲通り商店街
F-IWAMORI
立川へ
桃井二小学校
都立荻窪高校
荻窪四丁目
街芸館
荻窪体育館
文化女子大学付属中学校・高校
中央図書館
阿佐谷北二丁目
中杉通り
杉並一小学校
寿々木園釣堀
あさがや
新宿へ
杉並七小学校
阿佐谷南三丁目
パールセンター
阿佐谷南二丁目
大田黒記念公園
荻窪地域区民センター
青梅街道
東京メトロ丸ノ内線
荻窪二丁目
荻窪三丁目
善福寺川
中道寺
松渓中学校
杉並区
成田東五丁目
阿佐ヶ谷中学校
杉並区役所
公団荻窪団地
須賀神社
みなみあさがや
阿佐谷南一丁目
成田東四丁目
西田小学校
都立杉並高校
公団阿佐ヶ谷団地
天桂寺
天神橋公園
田端神社
成田西四丁目
杉並税務署
海雲寺
荻窪一丁目
神通橋
善福寺川緑地公園
屋倉橋
熊野神社
東田中学校
成田図書館
梅里中央公園
子供の広場
杉並二小学校
成田東三丁目
成田西三丁目
宝昌寺
五日市街道
尾崎橋
高井戸東公園
成田西公園
成田西二丁目
軟式野球場
東田小学校
松ノ木二丁目
都立豊多摩高校
杉並児童交通公園
成田東一丁目
高井戸東四丁目
尾崎公園
成田東二丁目
井ノ頭通り
子供の広場
白山神社
松ノ木ゴルフセンター
浜田山小学校
ばら公園
大成橋
つり堀
松ノ木中学校
松ノ木小学校
高井戸東三丁目
浜田山四丁目
成田西一丁目
松ノ木遺跡
杉並区立郷土博物館
和田堀公園
松ノ木運動場
壁打ちテニス場
かっぱ公園
和田堀池
吉祥寺へ
はまだやま
浜田山三丁目
浜田山公園
高千穂(大)商科大学
八幡橋
大宮遺跡の碑
軟式野球場
大宮橋
大宮一丁目
京王井の頭線
杉並南郵便局
大宮八幡宮
新日本製鐵グラウンド
浜田山二丁目
トライアングル
杉並区民プール
西永福
永福図書館入口
方南通り
理性寺
永福四丁目
浜田山一丁目
西永福駅入口
和泉三丁目
大円寺
にしえいふく
CQL
塚山公園
西永福公園
明大前へ

大田黒記念公園

ドビュッシーやストラビンスキーを日本に紹介した音楽評論家・大田黒元雄氏の屋敷跡につくられた日本庭園。レンガ造りの記念館には大田黒氏愛用のピアノや蓄音機などが展示されている。開園９～17時、年末年始休、☎03(3398)5814

善福寺川緑地公園

善福寺池を源とする善福寺川の流れに沿って整備された公園。桜やコブシ、ハナミズキ、サザンカ、イチョウ、ケヤキに囲まれた遊歩道がつづく。

熊野神社

鎌倉時代末期に、鎌倉から移住してきた武士が紀州の熊野権現を勧請して開かれた。境内には、樹齢400年といわれる御神木のクロマツがそびえる。

杉並児童交通公園

道路や横断歩道、信号機、道路標識が配置され、自転車や足踏み式ゴーカートに乗りながら、子どもたちが交通ルールを体得できる公園。D51型蒸気機関車が人気。開園９時～16時30分、年末年始休。

松ノ木遺跡

約２万年前の旧石器時代から縄文・弥生・古墳の各時代の遺跡がある複合遺跡。古墳時代後期の復原住宅と竪穴住居跡が公開されている。

和田堀公園

善福寺川緑地公園からつづく和田堀公園は、ケヤキやコナラの雑木林をはじめ、アカマツやケヤキの針広混合の雑木林が残り、野鳥の姿が見られる。和田堀池にはカワセミが生息し、冬にはオナガガモやマガモが渡ってくる。

大宮八幡宮

東西に長くのびるツツジの参道を歩き、神門を入ると総檜権現造りの本殿がある。杉並区内屈指の古大社で、源頼義が奥州征伐凱旋の際、康平６年（1063）京都の石清水八幡宮から分霊し、まつったのが縁起とされる。武門の守護として武士の信仰もあつく、本殿の西側の森のなかには弓道場がある。

大宮遺跡の碑

弥生時代後期の集落の族長のものとされる、方形周溝墓３基が発掘されたところ。現在は埋め立てられ、石碑と案内板が立っている。

杉並区立郷土博物館

旧石器時代に人々が住み始めてから現在までの杉並区の歴史を公開し、大宮遺跡や松ノ木遺跡からの出土品も展示されている。併設の杉並文学館では、郷土の作家・井伏鱒二の『荻窪風土記』の資料や原稿などを閲覧できる。敷地内には長屋門や古民家もある。開館９～17時、月曜・第３木曜・年末年始休、大人100円、☎03（3317）0841

JOY グルメスポット

荻窪駅近くの仲通り商店街にあるキャンドル・カフェF-IWAMORI☎03（3220）2307は、手づくりのケーキ（日替わり350円）とクッキー、アイスクリーム550円を楽しめる。ケーキセットは750円。店内には手づくりのキャンドルが飾られ、キャンドルの販売もしている。イタリアンレストランのトライアングル（写真左）☎03（3325）9874では、コーヒー付きの日替わり弁当1000円がランチタイムの人気。パスタは900円から。イカスミ・スパゲッティ1600円、フレッシュトマトとバジル、モッツァレラチーズのスパゲッティ1600円、トマトとオムレツのスパゲッティ1100円。ＣＱＬ（シー・キュー・エル）☎03（3322）8686は手作りのチョコレートとクッキーのお店。散歩帰りのおみやげに（写真右）。

25

芸術の香りをもとめて閑静な住宅街を歩く

駒場公園と美術館めぐり

所要時間 約1時間5分

京王井の頭線神泉駅 ▶ 徒歩6分 ▶ 1 Bunkamura ▶ 徒歩4分 ▶ 観世能楽堂 ▶ 徒歩2分 ▶ 2 戸栗美術館 ▶ 徒歩5分 ▶ 3 鍋島松濤公園 ▶ 徒歩6分 ▶ 4 渋谷区立松濤美術館 ▶ 徒歩2分 ▶ 5 ギャラリーTOM ▶ 徒歩18分 ▶ 6 駒場公園・和館 ▶ 徒歩3分 ▶ 7 旧前田侯爵邸 ▶ 徒歩6分 ▶ 8 日本民芸館 ▶ 徒歩5分 ▶ 9 駒場野公園 ▶ 徒歩8分 ▶ 京王井の頭線駒場東大前

内部はイギリス王朝風の装飾が施されている旧前田侯爵邸

大きなお屋敷が並ぶ松濤《しょうとう》と駒場。閑静な住宅街を歩きながら、ゆっくり芸術に触れてみたい。

神泉駅前の商店街をぬけて右へ進み、Bunkamuraへ。裏手の坂を上ると、正面に観世能楽堂、近くにタイルが光る戸栗美術館がある。左右に邸宅を見ながら進み、鍋島松濤公園に入る。池のほとりを歩き、坂を上る。渋谷区立松濤美術館は展示ばかりでなく、館内の構造がユニークで楽しい。

目の不自由な人でも楽しめるギャラリーTOM（TOM=Touch Our Museum）は、シンプルなコンクリートの建物。山手通りに出たら、東大教養学部のグラウンド沿いに歩く。

野球場をすぎたら左に曲がり、駒場公園へ。園内には、日本近代文学館と洋風建築の旧前田侯爵邸があり、正面には、西洋風の庭園が広がる。旧前田侯爵邸の和館で、純和風にくつろぐのもよい。

南門を出て、蔵づくりの日本民芸館へ。ハナミズキの並木を通り踏切を渡ると、眼下に田んぼが現われ、駒場野公園に着く。公務員住宅を回り込むと、駒場東大前駅が見えてくる。

駒場農学校跡にできた駒場野公園では、現在も稲作が行なわれている

四季の彩り

4月初旬、駒場公園内に点在する桜が開花。日本民芸館から駒場野公園への道沿いのハナミズキ並木も美しい。駒場野公園では田んぼに水が張られ、中高生の手で田植えが行なわれる。

駒場野公園では、秋の深まりとともに田んぼが黄色く色づいてくる。11月下旬になると、紅葉狩りと小さな花をつけるヒカンザクラの花見が同時に楽しめる。Bunkamura裏のイチョウ並木の黄葉も見落とせない。

25 駒場公園と美術館めぐり

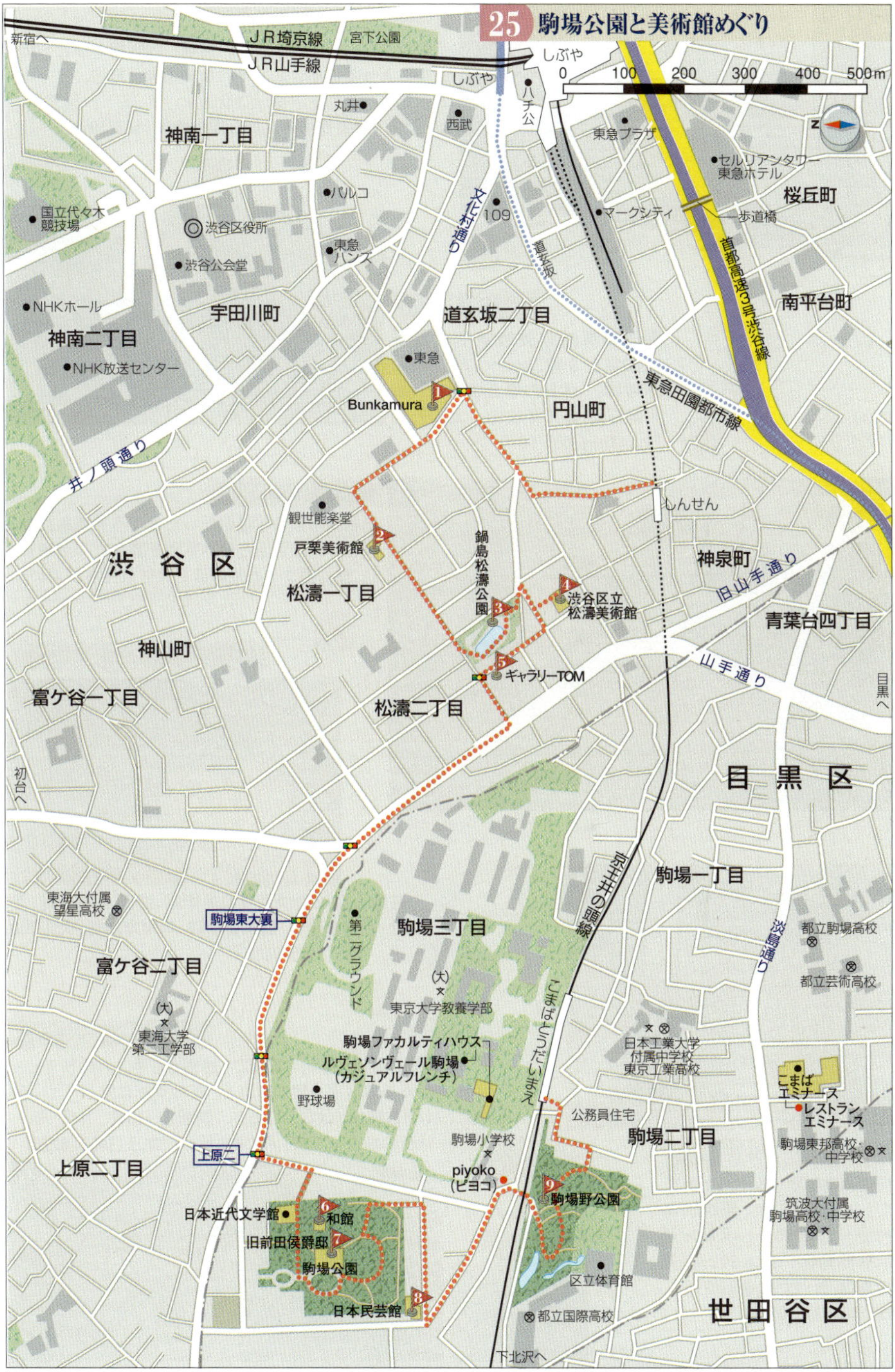

1 Bunkamura

美術館やコンサートホール、劇場、映画館がひとつのビルに入っている、おしゃれな文化複合施設。オーチャードホールやシアターコクーン、ザ・ミュージアム、ル・シネマなどがある。総合案内☎03(3477)9111

2 戸栗美術館

陶磁器専門の美術館で収蔵数7000点。9時30分～17時30分、月曜(祝・休日の場合は翌日)・展示替期間・年末年始休、大人1030円、☎03(3465)0070

3 鍋島松濤公園

紀州徳川家の下屋敷だったところを鍋島家が所有し、松濤園という茶園を造ったのが始まり。緑に囲まれた池のほとりは気持ちがよい。

4 渋谷区立松濤美術館

荘重な花崗岩づくりの美術館。開館9～17時、月曜・祝日の翌日・展示替期間・年末年始休、大人300円、☎03(3465)9421

5 ギャラリーTOM

視覚障害者が作品にさわって楽しめる美術館。開館10時30分～17時30分、月曜・展示替期間休、大人600円(視覚障害者・付添者300円)、☎03(3467)8102

6 駒場公園・和館

1階の広間は無料休憩所で、縁側から手入れのゆきとどいた日本庭園を眺められる。どの季節に訪れても、美しさと静けさは変わらない。開園9～16時、月曜(祝・休日の場合は翌日)・年末年始休、☎03(3460)6725

旧前田侯爵邸

加賀前田家16代当主の本邸として、昭和４年（1929）に建造。2002年３月まで近代文学博物館として使用され、現在は建物の内部見学のみできる。開館９時～16時30分（土・日曜と休日のみ）、☎03（3466）5150 。隣接する日本近代文学館は、作家の原稿や日記、愛用品の展示もある図書館。開館９時30分～16時30分、日・月曜・第４木曜・２月と６月の第３週・年末年始休、通常展100円、閲覧300円、☎03（3468）4181

日本民芸館

民芸運動の創始者で美学者の柳宗悦を中心に、昭和11年に開館した。生活のなかから生まれ、日常生活に使われてきた陶磁器や織物、染物、木漆工、紙工、竹工などの工芸品、約１万7000点を収蔵。館蔵品を中心に常時500点が展示され、３カ月ごとに陳列替えされている。西館は、明治初期の石屋根の長屋門が栃木から移設されたもの。開館10～17時、月曜（祝・休日の場合は翌日）・展示替期間・年末年始休、大人1000円、☎03（3467）4527

駒場野公園

明治維新後、駒場農学校が作られ近代農業に取り組んだ場所。ドイツ人教師、オスカー・ケルネルが肥料実験をしたケルネル田圃が残る。園内には北の国の林や南の国の林、関東関西の雑木林、果樹園などがある。

JOY グルメスポット

駒場小学校の角にあるpiyoko（ピヨコ）（写真）☎03（3465）7686は、シフォンケーキの店。ドリンク類は有機栽培の紅茶682円～とハーブティ735円。シフォンケーキは472円～。ケーキセットはドリンクが150円引きになる。大きな窓から、駒場の公園の緑や紅葉を眺めながらお茶の時間を楽しめる。多目的ホールの駒場エミナース１階にあるレストラン・エミナース☎03（3485）1417は日替わりランチが好評。ランチタイムは11時30分～14時。14時以降は単品で、ボリュームたっぷりのエミナース風焼きそば1000円もおすすめ。

26

坂道を登り下りして緑豊かな公園を結ぶ

林試の森公園から自然教育園

所要時間 約1時間50分

東急目黒線武蔵小山駅 → 徒歩10分 → 1 林試の森公園 → 徒歩18分 → 2 目黒不動尊 → 徒歩3分 → 3 青木昆陽墓 → 徒歩8分 → 4 目黒寄生虫館 → 徒歩3分 → 5 大鳥神社 → 徒歩11分 → 6 目黒区美術館 → 徒歩14分 → 7 大円寺 → 徒歩15分 → 8 東京都庭園美術館 → 徒歩11分 → 9 国立自然教育園 → 徒歩15分 → JR山手線・埼京線目黒駅

江戸時代に栄え、信仰を集めた目黒不動尊

森林浴に格好のふたつの公園を結ぶ。コース沿いは、不動尊、博物館、美術館とバラエティに富んだ見どころがたっぷりだ。

武蔵小山駅からは林試の森公園への道標に従って歩こう。南門から公園に入り、東門から出ると、出たところが石古《いしこ》坂。坂道を下って目黒不動尊の参道へ。

庭園のみの散策もできる東京都庭園美術館

お参りしたら、本堂の左裏手にぬけ、不動公園に出る。ここで青木昆陽の墓に立ち寄ってから、目黒寄生虫館へ。不思議な生物の世界をこわごわとのぞく。

目黒通りと山手通りが交差する角にあるのは大鳥神社。目黒通りを東に向かえば目黒駅だが、山手通りから目黒区美術館、目黒区民センターを経由して目黒川のほとりへ。川沿いに南下して目黒通りを渡り、太鼓橋で左折。目黒雅叙園から行人《ぎょにん》坂を上ると、その途中に大円寺がある。

目黒駅を通り越すと、東京都庭園美術館。美術館もさることながら、その庭園も魅力のひとつで、ゆっくり読書したいようなテーブルと椅子が木陰に置いてある。隣接する国立自然教育園で、ふたたびグリーンシャワーを浴びたら、目黒駅へもどろう。

四季の彩り

国立自然教育園では、カタクリ、タンポポなど、春の野草が次々に花をつける。東京都庭園美術館には、桜並木があり、ツツジも多い。

林試の森公園のジャブジャブ池では子どもたちの歓声があがる。

東京都庭園美術館の日本庭園ではモミジの紅葉が池に映る。

自然教育園水生植物園などで、水鳥などを観察できる。

26 林試の森公園から自然教育園

林試の森公園

平成４年(1992)に都立の公園として整備されたが、かつて林野庁林業試験場だった園内は、めずらしい木や外来種が多く、大木も生い茂る。四方に出入口があるので、地元の人も気軽に通りぬける。昆虫採集、デイキャンプ、ドングリ拾いなど、子どもたちにとっても格好の遊び場になっている。☎03(3792)3800

目黒不動尊

大同３年(808)慈覚大師によって開かれ、江戸時代に将軍家光の帰依を受け、江戸五色不動のひとつとして信仰を集めた。仁王門をくぐり、独鈷の滝の横から石段を上がると昭和56年(1981)再建の本堂があり、不動明王がまつられている。

青木昆陽墓

蘭学者の青木昆陽（1698～1769）の墓。昆陽は『蕃薯考』を著してサツマイモ（甘藷）の栽培を説いたため、甘藷先生と呼ばれた。

目黒寄生虫館

4万5000点もの標本の一部公開と、寄生虫についての展示がなされている。図案化した寄生虫のTシャツなど、ミュージアムグッズが若者に人気。開館10～17時、月曜(祝・休日の場合は翌日)・年末年始休、☎03(3716)1264

大鳥神社

日本武尊をまつり、大同元年(806)に創建。目黒のお酉さんとして親しまれ、９月に太々神楽が披露される例大祭、11月に酉の市が開かれ、参詣者でにぎわう。

目黒区美術館

プールやホールのある区民センターに隣接して建つ。藤田嗣治、安井曾太郎など日本人画家の作品を所蔵。開館10～18時、月曜（祝・休日の場合はその翌日）・展示替期間・年末年始休、料金は展示によって異なる。☎03(3714)1201

大円寺

行人坂にある天台宗の寺。寛永元年(1624)の創建だが、明和９年(1772)の大火の火元になって焼失。その75年後に再建が許された。境内には大火の犠牲者の供養として五百羅漢像が並ぶ。

東京都庭園美術館

1933年に建てられた旧朝香宮邸を昭和58年(1983）に美術館として公開、企画展などを行なう。外観はすっきりとしているが、細部までアール・デコの装飾が施されている内部は必見。日本庭園と芝生が広がる西洋庭園のみの入場も可能(大人200円)。開館10～18時、第２・４水曜（祝日の場合は翌日）・年末年始休、料金は展示によって異なる。☎03(3443)0201

国立自然教育園

国立科学博物館の付属施設で、昭和24年(1949)には天然記念物および史跡に指定されている。スダジイなどの大木がうっそうと生い茂り、その樹齢は400年を超えるものもある。日曜には11時から約１時間にわたり、その季節にあった野外案内を行ない、自由に参加できる。開園９時～16時30分（５～８月は～17時）、月曜・祝・休日の翌日の平日休、大人210円、☎03(3441)7176

JOY グルメスポット

目黒不動前のハツ目やにしむら(写真右）☎03(3713) 6548では、鰻重定食が2100円～3000円。店頭で買える鰻重弁当は1600円～。御菓子司玉川屋☎03(3491)0555では、上品な甘さのあんをわらび餅でくるみ、きなこをまぶした目黒仁王餅(写真左)を販売。1個136円。バターどら焼きも好評。東京都庭園美術館入口付近にオープンテラスのカフェ・デ・ザルチスト(写真左) ☎03(5798)2886がある。コーヒー420円、スープ、デザート、ドリンク付きパスタランチは1000円。

27

日蓮ゆかりの大伽藍から文学が育まれた街並みへ

池上本門寺から馬込文士村

所要時間　約1時間30分

- 東急池上線池上駅
- ▶徒歩12分
- 1 本門寺
- ▶徒歩2分
- 2 池上会館
- ▶徒歩6分
- 3 本門寺公園
- ▶徒歩14分
- 4 龍子記念館
- ▶徒歩11分
- 5 熊谷恒子記念館
- ▶徒歩7分
- 6 大田区立郷土博物館
- ▶徒歩8分
- 7 萬福寺
- ▶徒歩15分
- 8 厳島神社
- ▶徒歩11分
- 9 文士村レリーフ
- ▶徒歩1分
- JR京浜東北線大森駅

本門寺の桜に囲まれた境内は憩いの広場となっている

日蓮宗の大本山である池上本門寺から、小説家や詩人が集まった馬込文士村へ歩く、のどかなコース。

池上駅から本門寺商店街を歩き、大石塔の立つ霊山橋を渡る。加藤清正が寄進した96段の石段を上り、仁王門をくぐると広々とした本門寺境内だ。境内を出たら、池上会館屋上の展望台から眺望を楽しもう。五重塔を見て、力道山《りきどうざん》の墓の手前を左に下る。朗峰《ろうほう》会館からは松濤《しょうとう》園が眺められる。

室生犀星や萩原朔太郎らが交流を深めたのも馬込の地だった

朗峰会館から坂を下り、右折する。本門寺公園の弁天池からゆるやかな坂を上りきった所に、汐見坂の標柱がある。坂を下って龍子《りゅうし》記念館へ。馬込桜並木通りを歩き、道標にしたがって右折すると、坂の途中に熊谷恒子記念館がある。そのまま坂を上り、電柱の表示にしたがって大田区立郷土博物館へ。室生犀星《むろうさいせい》ゆかりの萬福寺も見どころが多い。

環七通りを横断し、文士村の解説板が点在する細道を歩く。左へ少し上ると厳《いつく》島《しま》神社の弁天池があり、池の左手の道を進み、右側に落合医院のある角を左折し右に闇坂を見下ろす。大森駅手前の文士村レリーフでおさらいして帰ろう。

四季の彩り

4月初旬、本門寺境内や墓地の桜が咲き、花見でにぎわう。本堂前には花祭りの象の張り子が飾られ、子どもたちに人気。馬込桜並木でも約1㎞の遊歩道が桜の花に飾られる。

日蓮の命日にあたる10月13日、本門寺で御会式が行なわれ、多数の信徒が集まる。

2月、本門寺の北にある区立池上梅園では約370本の紅梅、白梅が咲くので、寄り道していきたい。

27 池上本門寺から馬込文士村
0 100 200 300 400 500m
大井町へ
プリモおおもり
木田屋
守半海苔店
文士村レリーフ 9
和辻哲郎
山王小学校
ジャーマン通り
日夏耿之介
山王一丁目
福興教会
闇坂
入新井図書館
入新井第一小学校
平和島へ
大森北四丁目
大森北五丁目
山王二丁目
落合医院
山王草堂記念館
蘇峰公園
山王四丁目
区立山王会館
山王三丁目
JR京浜東北線
大森西一丁目
馬込銀座
藤浦洸
榊山潤
室生犀星
室伏高信
8 巌島神社
山王花清水公園
善慶寺
熊野神社
JR東海道本線
環七通り
山本有三
春日橋
碑文谷へ
三好達治
今井達夫
馬込東中学校
山本周五郎
南馬込二丁目
倉田百三
春日神社
中央二丁目
入新井第二小学校
南馬込一丁目
馬込第二小学校
南馬込三丁目
石坂洋次郎
中央一丁目
広津和郎
大田区
蒲田へ
富士講燈籠
磨墨塚
萩原朔太郎
川端康成
赤毛のアン記念館
村岡花子文庫
萬福寺 7
龍子児童公園
大森赤十字病院
中央三丁目
神明神社
室生犀星
南馬込四丁目
龍子記念館 4
小林古径
子母沢寛
入新井第四小学校
宇野千代
尾崎士郎
臼田坂児童公園
コンビニ
道標
大森第三中学校
中央四丁目
万福寺前
馬込桜並木通り
中国料理店 6
熊野神社
真船豊
佐藤朝山
大田区立郷土博物館
教会
桜並木公園
池上通り
中央七丁目
五反田へ
南馬込五丁目
5 熊谷恒子記念館
稲荷神社
汐見坂
中央五丁目公園
中央六丁目
円乗院
馬込桜並木通り
善照寺
南馬込六丁目
中央五丁目
大田神社
長勝寺
都営浅草線
第一京浜
梅田小学校
にしまごめ
貴船坂
弁天池
大森第四中学校
東之院
安立院
3
本門寺公園
堤方神社
西馬込二丁目
力道山
永寿院
池上五丁目
都交通局馬込検車場
朗峰会館
花むら
松濤園
2 池上会館
御廟所
本殿
本門寺 1
五重塔
長栄堂
水道局馬込給水所
馬込中学校
宗務院
池上小学校
池上四丁目
経蔵
常仙院
1
大坊本行寺
鐘楼
霊寶殿
仁王門
日朝堂
総門
萬屋酒店
仲池上二丁目
池上梅園
理境院
本成院
中道院
霊山橋
本門寺前
大森第十中学校
南之院
厳定院
池上文化センター
相模屋
本門寺通り
東急蒲田へ
仲池上一丁目
池上二丁目
池上本通り
いけがみ
呑川
トーヨーボール
池上三丁目
東急池上線
川崎へ
五反田へ

本門寺

日蓮宗大本山で日蓮入滅の地、もとは郷士池上宗仲の屋敷。慶長12年(1607)造立の五重塔は関東最古・最大のもの。総門、経蔵、宝塔は江戸時代のものだが、戦災にあい再建された堂宇が多い。加藤清正、狩野探幽、幸田露伴、市川雷蔵、力道山など著名人の墓も多い。境内奥の松濤園（しょうとうえん）は小堀遠州の作で、幕末に勝・西郷会談が行なわれた。霊寶殿は日曜10～15時開館、大人300円。

池上会館

集会所と教育センターを複合した大田区立の施設。本門寺のある丘の斜面に建ち、屋上は五重塔などが建つ山上と連結している。緑化された屋上には彫刻が点在し、展望公園として親しまれている。

本門寺公園

釣りができる弁天池、グラウンドがあり、雑木林の斜面に遊歩道が整備されている。昭和8年、本門寺に寄付された敷地を東京市が公園として整備し、現在は大田区が管理している。

龍子記念館

多くの大作を残した日本画の巨匠、川端龍子(りゅうし)の記念館。自身で設計した建物は、上から見るとタツノオトシゴの形をしている。道路を挟んで龍子公園があり、庭園とそれに面した画室も1日3回公開されている。開館9時～16時30分、月曜（祝・休日の場合は翌日）・特別整理期間・年末年始休、大人200円、☎03(3772)0680

熊谷恒子記念館

35歳で書道家を志し、かな書道の第一人者となった熊谷恒子の旧居で、書や愛用品を展示。開館9時～16時30分、月曜（祝・休日の場合は翌日）・年末年始休、大人100円、☎03(3773)0123

大田区立郷土博物館

大森貝塚出土品をはじめとする考古学資料、海苔養殖の道具、馬込文士村関連の資料などを展示。開館９時～17時、月曜（祝・休日の場合は開館）・展示替期間・年末年始休、☎03(3777)1070

萬福寺

『平家物語』の宇治川の先陣争いで名高い梶原景時が大井に開き、のちに景時の墓がある馬込に移った。門前には名馬磨墨（するすみ）の像があり、境内には近所に住んでいた室生犀星の句碑がふたつある。本堂前にある摩尼輪（まにりん）塔が珍しい。裏にある梶原殿の３階は梶原景時史料展示室として公開されている。

厳島神社

亀が遊ぶ弁天池中央の島にまつられているが、非公開。池の東に山王花清水公園があり、湧水を利用しハーブなどさまざまな植物が栽培されている。馬込に文士が多かったころの和洋折衷の庭園をイメージして作庭された。

文士村レリーフ

大正から昭和初期にかけて、大森駅西の山王から馬込にかけての一帯に、数多くの文学者や芸術家が住んでいた。尾崎士郎、宇野千代、萩原朔太郎、室生犀星、北原白秋、川端康成といったメンバーで、互いの交流も盛んだった。天祖神社の石垣には当時を物語るレリーフが埋められ、山王・馬込に点在する文士ゆかりの場所には解説板があり、文学散歩の手助けとなっている。

JOY グルメスポット

本門寺参道の名物といえば、くず餅。店の前に道しるべの石がある相模屋☎03(3752)4757は、50年以上前からくず餅一筋の老舗。蜜ときなこがたっぷりのくず餅（写真左）は400円、11～３月の手作り甘酒400円も味自慢。おみやげ用くず餅もある。売り切れ次第閉店。本門寺の朗峰会館１階には、軽食・喫茶の花むら☎03(3752)2465がある。懐石御膳2625円は月替わりでランチタイムの人気メニュー。松濤御膳は2100円。松濤園（写真右）が見える席で食べることもできる。大森のみやげといえば海苔で、守半海苔店☎03(3761)4077は缶入りの焼き海苔を考案した店。木田屋☎03(3763)3621の塩入り甘納豆も、抑えた甘さで好評。

28

仏像の並ぶ寺から23区唯一の渓谷へ

九品仏浄真寺から等々力渓谷

所要時間　約1時間25分

- 東急大井町線九品仏駅
- ▶ 徒歩5分
- 1 九品仏浄真寺
- ▶ 徒歩16分
- 2 玉川神社
- ▶ 徒歩4分
- 3 満願寺
- ▶ 徒歩7分
- 4 ゴルフ橋・等々力渓谷
- ▶ 徒歩7分
- 5 等々力不動
- ▶ 徒歩11分
- 6 野毛大塚古墳
- ▶ 徒歩20分
- 7 上野毛自然公園
- ▶ 徒歩7分
- 8 五島美術館
- ▶ 徒歩6分
- 東急大井町線上野毛駅

快適に歩ける等々力渓谷

文化財の多い名刹と、都心に近い渓谷、古墳、美術館を結ぶよくばりなコース。

九品仏《くほんぶつ》駅を出て左へ。すぐ九品仏浄真寺の参道が始まる。三仏堂を見たら境内を出て、住宅地を歩く。目黒通りを渡れば木々が生い茂った玉川神社。満願寺の境内には砂利が敷きつめられ、玉川神社と対照的な明るさだ。等々力駅をすぎ、ゴルフ橋から等々力渓谷に下りる。

九品仏浄真寺の石庭

渓谷は清流とはいえないが、両岸が豊かな緑におおわれ、都会の喧噪を忘れさせる。稚児大師堂から左へ流れを渡ると不動の滝、その上に等々力不動がある。参拝したら渓谷沿いにもどり、石段を上って団地を回り込み、野毛《のげ》大塚古墳へ。

玉川野毛町公園を横切り、第三京浜のインターを歩道橋で越えて中古車販売店の角を左折。邸宅の間を歩くと下り坂になり、下りきったら右へ川に沿って歩く。上野毛自然公園の階段を上り、上野毛通りを横断すると左手に五島美術館がある。庭園だけの見学もできる。美術館を出たら、線路沿いを歩いて上野毛駅に向かう。

四季の彩り

4月初旬、九品仏浄真寺や等々力渓谷の桜が見ごろとなる。

6月、等々力渓谷や五島美術館の庭をアジサイが彩る。7月下旬、等々力渓谷では螢まつりが開かれる。8月いっぱいは浄真寺でサギソウの可憐な花が咲く。

3年に1回だが、8月16日に浄真寺で「お面かぶり」と呼ばれる来迎会が行なわれる。

10月、等々力不動境内で菊展が開かれる。11月下旬、浄真寺の大イチョウが黄葉し、等々力渓谷や五島美術館の庭でも紅葉がみごと。

28 九品仏浄真寺から等々力渓谷

1

九品仏浄真寺

本堂に相対して下品堂、上品堂、中品堂と３つの三仏堂が並び、阿弥陀如来像が各３体ずつ安置されている。そのため九品仏と呼ばれているが、九品山唯在念仏院浄真寺が正式名。本尊は本堂の釈迦如来像で、九品仏とともに寛文８年(1668)につくられた。そのほかにも、和様に禅宗様式を取り入れた仁王門や、鐘楼の梵鐘など、貴重な文化財が多い。

2

玉川神社

もとは熊野神社で、16世紀初めに世田谷城主の吉良頼康が勧請したもの。等々力村の鎮守として信仰されたが、明治41年(1906)に付近の諏訪神社・御嶽神社・天祖神社を合祀し、名前も玉川神社に改めた。

3

満願寺

江戸時代中期の陽明学者で書家としても高名だった細井広沢の菩提寺。山門の額字は広沢による。境内に日本三体地蔵のひとつである一言地蔵があり、願い事を一言だけ言えばかなえてくれると信仰を集めてきた。

4

道路に埋め込まれた道標を目印にしよう

ゴルフ橋・等々力渓谷

矢沢川のゴルフ橋から下流約１㎞は、武蔵野台地が浸食された渓谷となっていて、等々力渓谷と呼ばれる。谷の深さは約10mもあり、斜面にはケヤキ、シラカシ、ヤマザクラ、カエデ類が茂り、湧水も多い。不動の滝もそうした湧水のひとつで、今も滝に打たれる修行者の姿が見られる。

5

等々力不動

満願寺の別院で、本堂は江戸時代末期の建築。紀州根来寺開祖の興教大師が約800年前に開いたという。展望のよい花見台も新設された。

6

野毛大塚古墳

全長82m、後円部の直径68m、高さ11mと、帆立貝式古墳としては全国有数の巨大なもの。4～5世紀に造られたと推定され、主体部からは石棺や装飾品、武具、周囲にめぐらされた濠からは多数の埴輪が出土した。復元された墳丘は平成5年から公開されている。

7

上野毛自然公園

国分寺崖線の斜面に残った雑木林を利用した公園。急な斜面に鉄の階段が設けられ、斜面に生える高さ30mもありそうなケヤキ、コナラ、カエデの樹間から多摩川方面の眺望が楽しめる。

8

五島美術館

寝殿造りをイメージした建物内に、元東急電鉄会長五島慶太氏が収集した美術品を収蔵。茶器、陶器、古写経、書、日本画など東洋の古美術が中心で、「源氏物語絵巻」「紫式部日記絵巻」などの国宝や重要文化財もある。庭園は広く、石灯籠や石仏が点在する。開館10～17時、月曜（祝・休日の場合は翌日）・展示替期間・夏季整備期間・年末年始休、大人700円（特別展別途）、庭園のみ100円、☎03（3703）0661テープ案内

JOYグルメスポット

パーラー・ローレル☎03(3701)2420には、通年販売のケーキと季節のケーキが約25種。ショーケースを見るだけで楽しくなる（写真左）。人気はメレンゲとカシスのラパン・ド・テール420円やイチジク入りのアーモンドミルクムースがまろやかなP.A.C.420円。コーヒー、紅茶も飲める。おみやげにはフルーツスラブケーク1800円（1本）などがおすすめ。翠屋（みどりや・写真下）☎03(3701)0730は、青大豆を原料とした豆腐が自慢の豆腐店。絹も木綿も1丁210円で、おぼろ豆富など高級タイプもある。めずらしい青大豆の湯葉もあり、湯葉のお包み420円、やわらかい湯葉と豆腐がいっしょに味わえるひきあげ湯葉豆富609円もおすすめ。等々力不動の宝珠閣には、あんみつや甘酒がおいしい雪月花がある。

29

水辺の道をたどり江戸時代の農村風景をしのぶ

次大夫堀公園から静嘉堂文庫

所要時間　約1時間40分

小田急線成城学園前駅 ▶ 徒歩12分 ▶ 1 喜多見不動尊 ▶ 徒歩9分 ▶ 2 きたみふれあい広場 ▶ 徒歩27分 ▶ 3 次大夫堀公園 ▶ 徒歩5分 ▶ 4 民家園 ▶ 徒歩14分 ▶ 5 六郷用水跡地 ▶ 徒歩3分 ▶ 6 永安寺 ▶ 徒歩6分 ▶ 7 水神橋 ▶ 徒歩9分 ▶ 8 岡本公園民家園 ▶ 徒歩3分 ▶ 9 静嘉堂文庫 ▶ 徒歩8分 ▶ 静嘉堂文庫バス停

手入れが行き届いた次大夫堀公園の民家園

水辺をたどりながら住宅地のはざまに残された、世田谷の自然にふれる一日。

まず閑静な成城の住宅街を下って喜多見不動尊へ。特別保護区の神明の森みつ池をすぎて、野川を渡ればきたみふれあい広場。野川サイクリングロードを下って世田谷通りを横切ると、次大夫堀《じだゆうぼり》公園も近い。

宅地化で消えた六郷《ろくごう》用水を復元した次大夫堀公園では、区内では珍しいのどかな風景に包まれる。民家園で休憩しよう。

東名高速をくぐり、路地を左折すると、六郷用水跡地。今では用水の姿は見られない。永安寺、水神の社をすぎると仙川に架かる水神橋。橋の脇から始まる川が昔ながらの六郷用水。現在は丸子川と名称を変える。親水公園沿いを散歩すると、左手に岡本公園。

水と身近に親しめる六郷用水

公園内を散策し、民家園に立ち寄ろう。八幡宮脇の石段を登り、静嘉《せいか》堂文庫へ。旧三菱財閥のコレクションを収める洋館の文庫と、近代的な美術館がある。表門につづく坂道を下り、閑静な住宅地瀬田にある停留所でバスを待つ。

四季の彩り

4月初旬、次大夫堀公園では桜が満開になる。民家園では5月の節句になると、庭先に鯉のぼりを掲げ、軒先にショウブとヨモギを挿す。

次大夫堀公園では初夏に田植えが行なわれる。岡本民家園では7月にホタルが見られ、七夕祭りが行なわれる。静嘉堂緑地のバッタの原は、秋にかけてバッタやコオロギなどの昆虫でいっぱい。

次大夫堀公園は稲刈りまで黄金色の稲穂に彩られる。民家園では十五夜に母屋の縁側に十五夜飾りをして月の出を待つ。岡本公園民家園では、月見団子作りが行なわれる。また、菊花展も開催される。

29 次大夫堀公園から静嘉堂文庫

1

喜多見不動尊

喜多見慶元寺の境外仏堂で、本尊は不動明王坐像。明治初年の多摩川大洪水のとき、喜多見川原に流れ着いたものを成田山新勝寺で入魂したものと伝えられる。境内には湧水による滝がありかつては信者が水行した。

2

きたみふれあい広場

小田急電鉄の喜多見電車基地の車庫部分をおおい、その上部を広場として整備した公園。園内は展望広場、中央広場、多目的広場、ちびっ子広場に分かれる。富士山や丹沢山系が望める、地上10mからの眺望はみごと。

3

次大夫堀公園

江戸後期の農村の再現をめざし、昭和63年開園。六郷領（現大田区六郷付近）の35カ村を灌漑する目的で掘られた六郷用水を世田谷領の人々は、小泉次大夫の功績を称えて「次大夫堀」と呼んでいた。

4

民家園

茅葺き屋根の古民家には「だいどころ」と称されるお茶飲み場もある。岡本公園民家園と同様、民家園教室、年中行事などが行なわれる。開園9時30分～16時30分、月曜（祝・休日の場合は翌日）・年末年始休、☎03（3417）8492

六郷用水跡地

六郷用水は、徳川家康の家臣小泉次大夫吉次により掘られた全長23.2kmの用水。多摩郡和泉村(現狛江市)で多摩川から取水した。

5

6

永安寺

開山は清仙上人、本尊は恵心僧都の作と伝えられる千手観音。境内に樹齢数百年といわれる大イチョウがある。源義賢の菩提寺。

7

水神橋

六郷用水も、戦後の急激な宅地化によりその役目を終えた。現在は水神橋の下流に残されているが、一部が丸子川と改称され、わずかにその面影を残すのみとなる。

8

岡本公園民家園

瀬田に残されていた江戸中期の典型的な農家を移築復元。ホタル園が隣接し、6月には、東京では数少なくなったホタルを見ることができる。開園9時30分～16時30分、月曜(祝・休日の場合は翌日)・年末年始休、☎03(3709)6959

9

静嘉堂文庫

かつての三菱財閥岩崎彌之助と小彌太の父子二代により設立された。国宝7点、重要文化財82点を含むおよそ20万冊の古典籍と5000点の東洋古美術品を所蔵。隣接する美術館は、年に4～5回開かれる展覧会の期間のみ開館。開館10時～16時30分、月曜・年末年始休、大人800円、☎03(3700)0007

(財)せたがやトラスト協会

緑や水辺などの自然環境や歴史的文化遺産などを守り育てながら、次の世代に引き継いでいくことを目的に設立された。世田谷の自然についての情報が得られ、ガイドマップなども販売。開館8時30分～17時15分、土・日曜・祝・休日・年末年始休。☎03(3789)6111

30

閑静な住宅街の遊歩道をたどり、寺町をめざす

蘆花恒春園から烏山寺町

所要時間 約1時間45分

京王線芦花公園駅 ▶ 徒歩6分 ▶ 1 世田谷文学館 ▶ 徒歩14分 ▶ 2 蘆花恒春園 ▶ 徒歩14分 ▶ 3 粕谷区民センター ▶ 徒歩30分 ▶ 4 寺町通り区民集会所 ▶ 徒歩5分 ▶ 5 称往院 ▶ 徒歩2分 ▶ 6 妙寿寺 ▶ 徒歩1分 ▶ 7 専光寺 ▶ 徒歩3分 ▶ 8 高源院 ▶ 徒歩10分 ▶ 9 常福寺 ▶ 徒歩20分 ▶ 京王線千歳烏山駅

徳富蘆花が暮らした往時を彷彿とさせる蘆花恒春園

明治から大正、昭和にかけて、徳富蘆花《ろか》が暮らした世田谷区粕谷。当時は田園地帯のなかにぽつりぽつりと民家があるだけの農村地帯も、今は閑静な住宅街に。いっぽう千歳烏山の北側にある烏山寺町も、大正12年（1923）の関東大震災後に形成されたもの。そんな時代に思いをはせながら歩いてみよう。

芦花公園駅に面している道を南下していくと、左手にゴルフ練習場が現われる。その手前が世田谷文学館で、ゴルフ場をすぎた先の信号を左折すると芦花小学校と中学校。校庭の前で右折すると、蘆花恒春《こうしゅん》園の角につきあたる。

蘆花恒春園から芦花公園へぬけ、信号を渡って自動車教習場方面へ向かう。車道を横断したら、住宅街のなかに整備されている「水際の散歩道」をたどって千歳烏山駅をめざす。遊歩道の途中に粕谷区民センターがある。遊歩道終着点の手前で右に行くと、千歳烏山駅に出る。

春は花いっぱいの遊歩道がつづく

駅の北側から、旧甲州街道、さらに甲州街道を横断する。寺町通りを北上し、中央自動車道をくぐって左折すると寺町通り区民集会所。寺町通りにもどり、称往院から高源院、さらに常福寺へとひとめぐりする。静かに参拝したら、千歳烏山駅へともどろう。

四季の彩り

蘆花恒春園は新緑と竹の子の季節。水際の散歩道はとりどりの花で飾られる。

6～7月、高源院の心字池では黄色いコウホネと白や紅色のスイレンの花が見ごろ。

9月第3日曜日、蘆花忌として墓前で献花が行なわれ、記念講演もある。

高源院の心字池にカモが渡ってくる。

30 蘆花恒春園から烏山寺町
久我山へ
久我山三丁目
国学院大学久我山中学校
国学院大学久我山高校
都営久我山アパート
久我山二丁目
久我山一丁目
岩崎通信機
ふじみがおか
京王井の頭線
玉川上水
神田川
富士見ケ丘中学校
高井戸小学校
たかいど
明大前へ
高井戸西一丁目
都立久我山盲学校
都立青鳥養護学校
久我山病院
浴風会病院
社会福祉法人浴風会
日本女子体大グラウンド
8 高源院
7 専光寺
6 妙寿寺
5 称往院
松葉通り
都営烏山アパート
玄照寺
9 常福寺
存明寺
源良院
西蓮寺
中央自動車道
富士見ケ丘小学校
常栄寺
妙善寺
幸竜寺
多聞院
松葉通り高速下
武蔵丘小学校
乗満寺
4 寺町通り区民集会所
区民斎場みどり会館
寺町通り高速下
世田谷区
上高井戸二丁目
永福へ
妙高寺
北烏山三丁目
公社烏山北住宅
北烏山一丁目
北烏山六丁目
西沢ツツジ園
烏山北小学校
杉並区
高等看護専門学校
昭和大附属烏山病院
鳥山
甲州街道
20
上高井戸一
北烏山九丁目
烏山中学校
南烏山三丁目
南烏山六丁目
旧甲州街道
ろかこうえん
京王線
はちまんやま
千歳烏山駅入口
南烏山四丁目
2008年芦花公園南口再開発
芦花公園団地
南烏山一丁目
烏山区民センター
公社烏山住宅
フードパークさえき
ちとせからすやま
1 世田谷文学館
カフェうも〜れ
南烏山二丁目
芦花パークゴルフ練習場
芦花中学校
芦花小学校
環八通り
佼成学園女子高校・中学校
水路の散歩道
粕谷四丁目
調布へ
上祖師谷一丁目
粕谷二丁目
粕谷区民センター
佼成学園
広味坊
3
彌生
八幡神社
粕谷西
芦花公園西
第一生命総合運動場
蘆花記念館
2 蘆花恒春園
仙川
粕谷三丁目
世田谷自動車学校
芦花公園
東京ガス世田谷整圧所
上祖師谷二丁目
千歳農協前
都立芦花高校
上祖師谷六丁目
千歳台小学校
榎
千歳中学校
駒沢大学野球場
N
0 100 200 300 400 500m
千歳台六丁目
塚戸小学校
用賀へ

世田谷文学館

常設展は「文学のまち・世田谷」をテーマに世田谷ゆかりの文学者の原稿や資料を展示。開館10～18時、月曜(祝・休日の場合は翌日)・年末年始休、大人200円(企画内容によって異なる)、☎03(5374)9111

蘆花恒春園

作家の徳富蘆花が明治40年から没年の昭和２年まで住んだ家を公園化。武蔵野の風情ただよう雑木林や竹林のなかに、茅葺きの母屋や書院、夫人居宅などが建つ。遺品やパネルを展示した記念館もある。開園９時～16時30分(記念館は～16時)、年末年始休、☎03(3302)5016

粕谷区民センター

世田谷区粕谷地区の図書館などがあり、軽食をとれる喫茶ぴあを併設。芦花公園から千歳烏山の駅近くまで通じている「水際の遊歩道」の脇にあり、格好の休憩地点になっている。

寺町通り区民集会所

１階に烏山寺町展示室があり、各寺を解説したパネルなどが展示されている。烏山寺町とは、関東大震災後、浅草や築地など、下町にあった寺が区画整理のため移転してきた集団寺院移転地域。開館９～22時、年末年始休。

称往院

門前の石柱に「不許蕎麦入境内」とある。この寺が浅草にあったとき、境内の道光庵で打つ蕎麦がうまいと評判になり、修行がおろそかになったため禁じたというのがその由来。境内には俳人宝井其角の墓がある。

妙寿寺

本門法華宗。深川にあったとき、震災で焼け残ったという穴の開いた梵鐘が境内にある。名工とうたわれた藤原正次の作。心学者石田梅岩の孫弟子のあたる中沢道二の墓もある。

専光寺

幕府から拝領した品川の土地に、慶長12年（1604）開山されたという由緒ある寺。のち浅草に移転した。美人画で名高い喜多川歌麿の墓と、肖像画の模写が残されている。

茶道石州流怡渓（いけい）派の祖、大徳寺の怡渓宗悦和尚が、元禄15年（1702）品川に開山。湧水をたたえる弁天池があり、浮御堂に弁財天がまつられている。区の特別保護区で、冬にはカモが渡ってくる。

高源院

常福寺

境内に狸の置物が集められ、たぬき寺の異名を持つ。最大のものは八相狸と呼ばれ、体の8つの部位に教えがひとつずつ込められている。『桃太郎侍』などで知られる劇作家、山手樹一郎の墓がある。

JOY グルメスポット

徳富蘆花ゆかりのおみやげといえば和菓子舗彌生☎03(3309)7180の蘆花最中（写真右）。蘆花恒春園の秋水書院をかたどっていて、餡は小倉、胡麻、きんとんの3種。カフェうも〜れ☎03(5314)5850は、千歳烏山駅西口に近く、食事でも喫茶でも気軽に立ち寄れる。店名は奄美大島のことばで「いらっしゃい」という意味で、奄美大島の郷土料理「鶏飯」（けいはん）（写真）1000円や南国産のフルーツを使った季節限定ジュースを味わえる。挽きたての豆でいれてくれるコーヒー450円も格別。月曜休。また中国料理の広味坊☎03(3326)6999はあっさりと上品な味で、行列ができるほどの人気。月曜休。

31

神田川の源流を訪ね、山本有三、太宰治ゆかりの地へ

井の頭恩賜公園から山本有三記念館

所要時間　約1時間10分

井の頭線井の頭公園駅 ▶ 徒歩8分 ▶ 1 神田川源流 ▶ 徒歩6分 ▶ 2 井の頭恩賜公園七井橋 ▶ 徒歩6分 ▶ 3 弁財天 ▶ 徒歩3分 ▶ 4 お茶の水 ▶ 徒歩8分 ▶ 5 井の頭自然文化園分園 ▶ 徒歩8分 ▶ 6 井の頭自然文化園 ▶ 徒歩6分 ▶ 7 彫刻園 ▶ 徒歩14分 ▶ 8 山本有三記念館 ▶ 徒歩5分 ▶ 9 太宰治レリーフ ▶ 徒歩5分 ▶ JR中央線・総武線三鷹駅

池の縁は桜で彩られ、噴水もきらめく井の頭池

井の頭公園駅から神田川源流にさかのぼり、井の頭池をめざす。公園内の雑木林をぬけると、井の頭恩賜公園でいちばんの眺望を誇る七井橋《ななばし》。七井橋、狛江橋を渡って、弁財天に芸事のお参りをし、石橋のたもとに湧くお茶の水へ。

ふたたび七井橋を渡り、井の頭自然文化園分園へ。水生物館脇の沼地には、野鳥の姿も見受けられる。

御殿山を登ると、井の頭自然文化園本園。正門をくぐるとブロンズ像「天女の舞」が出迎えてくれる。ゾウのはな子のいる動物園や熱帯鳥温室を見学し、北村西望《せいぼう》の彫刻園に歩を進める。一代での創作とは思えないほどの作品数だ。

万助橋は玉川上水への入口。左手に、山本有三記念館が姿を現わす。むらさき橋をすぎると、太宰治のレリーフと玉鹿石がある。玉鹿石は大宰の故郷の石。ここからは三鷹駅も近い。

文士がすごした大正末期の洋館、山本有三記念館

四季の彩り

井の頭恩賜公園は花見の名所。池の周囲に約400本のソメイヨシノが咲く。自然文化園のシャクナゲ園には、約30品種270本のシャクナゲが見られる。

井の頭恩賜公園西園にはプールがあり、夏休み期間中のみ公開される。

玉川上水や井の頭公園周辺では、イヌシデ、コナラ、クヌギなどの雑木林が色づく。山本有三記念館の庭園では、有三の好きだったモミジの紅葉が美しい。

御殿山の東南斜面には、こぢんまりとした梅園があり、いち早く春を告げる。自然文化園内にはつばき園があり、江戸椿という品種も見られる。

31 井の頭恩賜公園から山本有三記念館

神田川源流

井の頭池の豊富な湧水は、神田上水として江戸城に引かれ徳川家に利用された。これが現在の神田川で、都心をぬけ隅田川にそそぐ。

井の頭恩賜公園七井橋

井の頭の名称は、池からの湧水が７カ所あり「七井の池」といわれていたが、徳川家光遊猟の際にコブシの木に井之頭と刻んだことに由来する。明治初年に帝室御料地になったのを市民に御下賜され、大正15年５月に郊外公園として開園。池を横断する七井橋は、昭和27 年に木造からコンクリート造りに改修され三代目。園内８カ所にある橋の代表格で、「七井の池」にちなんで命名された。

弁財天

弁天堂は源頼朝が平家追討祈願のため建立したと伝えられる。弁財天は元来水の神としてあがめられたが、現在は芸事の祈願を集める。

お茶の水

井の頭池の北西隅にある湧水。『江戸名所図会』によると、徳川家光がお茶の水を汲んだことに由来する名。

井の頭自然文化園分園

ハクチョウ、ツル、カモなどの水鳥が飼育され、「オシドリ千羽計画」に基づきオシドリが池に放鳥されている。水生物館ではヤマメやイワナなど日本産の淡水魚類を見られる。

三鷹の森ジブリ美術館

宮崎駿監督が制作したアニメの世界が美術館に。館内はらせん階段や空中廊下、張り出しテラスなどで演出され、歩いているうちにアニメのなかに引き込まれていく。入場は日時指定の予約制で、入場券はコンビニ「ローソン」のみで購入する。開館10～18時（２時間毎の入場制）、火曜・年末年始休、大人1000円、高・中学生700円、小学生400円、☎03(5800)1978（ハローダイヤル）

井の頭自然文化園

井の頭恩賜公園の一角にある博物館的性格をもつ総合公園。御殿山の本園と井の頭池にある分園に分かれ、園内には資料館、彫刻園、動物園、熱帯鳥温室、童心居、遊園地などが配置されている。動物園には戦後初めて来日したゾウのはな子のほか、サル、アライグマなど小さな動物が飼育されている。童心居は詩人野口雨情の書斎を移築したもの。開園 9 時30分～17時、月曜（休日の場合は翌日）・年末年始休、大人400円（分園を含む）、☎0422(46)1100

彫刻園

長崎の平和祈念像の作者、北村西望の彫刻 600点余りが展示されている。木造のアトリエ館と 2 棟の彫刻館があり、野外に作品が並ぶ。

山本有三記念館

入口では、有三が『路傍の石』を執筆当時に、中野旧陸軍電信隊付近の道端で見つけた、路傍の石が訪問者を出迎える。この別荘建築の洋館は、有三が昭和11年から進駐軍に接収される年まで住んだ邸宅。書斎や応接室に遺品が展示され、有三の自筆原稿も閲覧できる。平成 6 年には、市の文化財指定を受けた。開館 9 時30分～16時30分、月曜(休日の場合は翌日と翌々日)・年末年始休、☎0422(42)6233

太宰治レリーフ

玉川上水の脇に、太宰治の『乞食学生』の一節を記したレリーフがある。昭和23年(1948) 6 月、39歳の太宰が愛人とともに身を投げたのはこのあたりとか。

グルメスポット

吉祥寺通りにある江戸前の手打そば「上杉」（写真下）☎0422(42)0521では、三種類の味を楽しめる三色そば950円、夏期限定の鴨せいろ1250円などがおすすめ。七井橋入口の売店では井の頭だんごのほか、そば、うどんも食べられる。また玉川上水三鷹橋の近くには、日本茶の店「さらさら」（写真右）☎0422 (44) 0652があり、静かな雰囲気のなかで抹茶ゼリーのセット550円などをゆっくり味わえる。お茶の購入もできる。

32

上水に沿った小径を歩き、多様な楽しみのある公園へ

玉川上水緑道から小金井公園

所要時間　約1時間55分

JR中央線武蔵境駅 ▶ 徒歩12分 ▶ 1 本村公園 ▶ 徒歩8分 ▶ 2 高橋家のケヤキ ▶ 徒歩5分 ▶ 3 国木田独歩文学碑 ▶ 徒歩35分 ▶ 4 つつじ山広場 ▶ 徒歩15分 ▶ 5 江戸東京たてもの園 ▶ 徒歩7分 ▶ 6 ＳＬ展示場 ▶ 徒歩20分 ▶ 7 真蔵院 ▶ 徒歩8分 ▶ 8 浴恩館公園 ▶ 徒歩6分 ▶ 小金井公園前バス停

江戸東京たてもの園では高橋是清邸など貴重な建物を移築・保存している

桜の名所、玉川上水緑道をたどり、たてもの園もある小金井公園へ向かう。

武蔵境駅の北口から右へ進み、本村公園へ。木立の間を歩いていくと玉川上水緑道につきあたる。左折して高橋家のケヤキを見ていこう。まもなく桜橋で、車道を横切ると国木田独歩文学碑がある。やがて五日市街道が合流し交通量が増えるので、上水の左側を歩いてもよい。歩道橋とコンビニがある交差点を右折し、スポーツ施設の管理棟の前から小金井公園に入る。

広々としたゆりの木広場やつつじ山広場を経て、体育館や売店がある公園中央部へ。いこいの広場をすぎれば江戸東京たてもの園。桜の園を通ってＳＬ展示場に立ち寄り、梅園を経て公園正面口へ。真蔵院に寄って五日市街道に出る。

子どもたちに人気のＳＬ展示場

歩道橋を渡って右へ。幼稚園手前で左の道に入ればまもなく浴恩館公園だ。下村湖人ゆかりの空林荘や歌碑などを見て、五日市街道にもどってバスを待とう。

四季の彩り

小金井公園の桜の園では4月初旬、約480本のソメイヨシノ、ヤマザクラが開花し、お花見のメッカとなる。玉川上水に沿った桜並木の下を歩くのにもよい季節だ。小金井公園では、つづいてハナミズキやツツジ、フジが見ごろとなる。浴恩館公園のツツジも見ごたえがある。

11月下旬、小金井公園の江戸東京たてもの園の庭園、浴恩館公園のカエデ類が紅葉。

高橋家のケヤキ、本村公園や小金井公園の落葉樹も葉を落とし、武蔵野の風情を感じさせる。1月、小金井公園ではたこ揚げ大会も催される。2月に梅林の梅もほころぶ。

32 玉川上水緑道から小金井公園

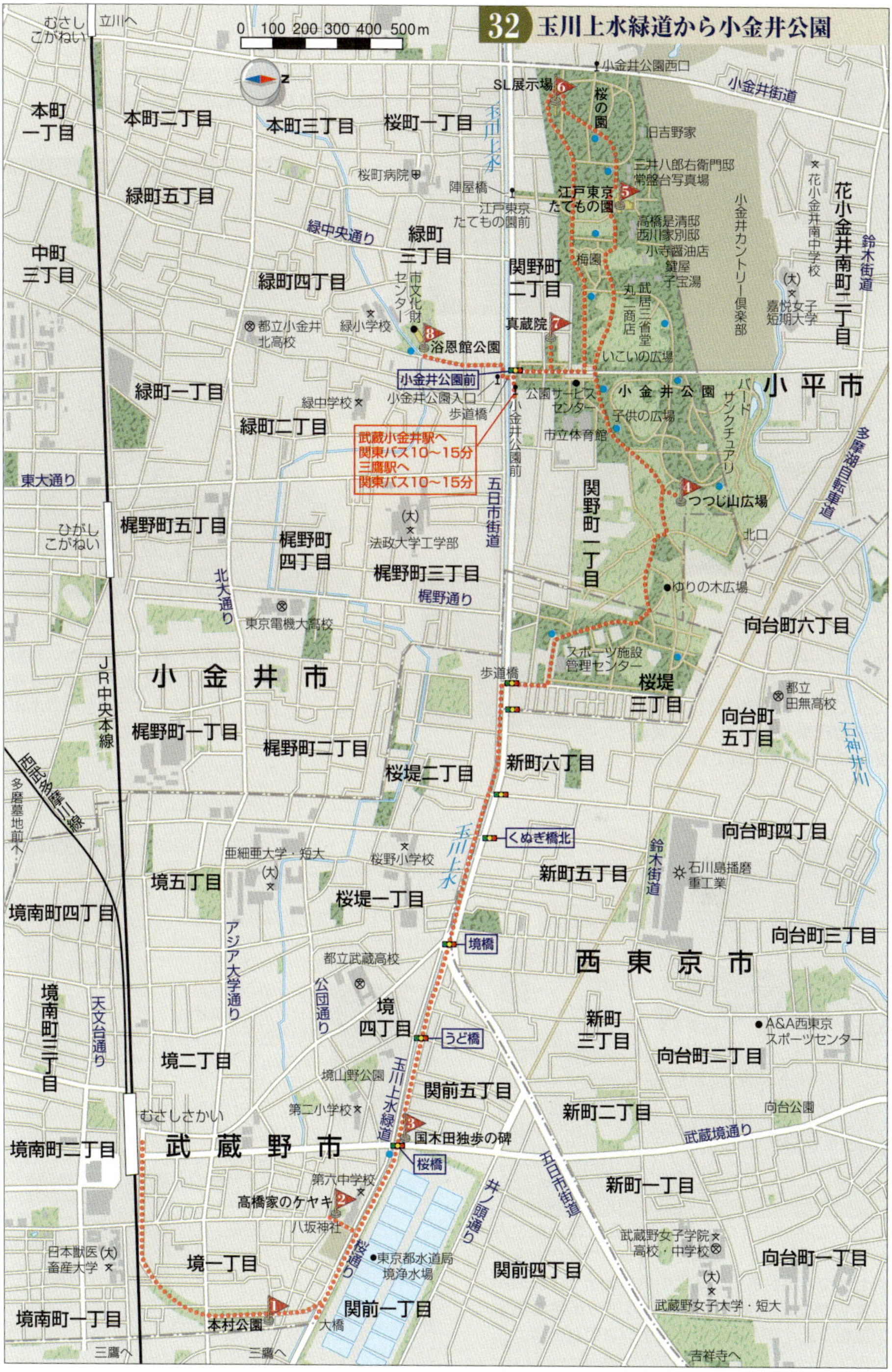

1 本村公園

弧状の敷地にクスノキ、マテバシイ、ケヤキ、ナラなどが植えられ、遊歩道が整備されている。武蔵境駅～境浄水場間の引込み線跡地を公園化した。

2 高橋家のケヤキ

樹高約30m、幹周り約４m、樹齢300年以上と推定される巨木を筆頭に、数本の大きなケヤキの木が屋敷林をなしている。

3 国木田独歩文学碑

江戸時代から桜の名所として有名だった玉川上水。上水に架かる桜橋のかたわらに、昭和32年に立てられた石碑には、国木田独歩の代表作のひとつ、『武蔵野』の一節が刻まれている。

4 小金井公園 つつじ山広場

面積77万平方ｍと広大な小金井公園の一角を占める芝生の広場で、南側に紅白のツツジにおおわれたつつじ山がある。広場中央の大ケヤキは昭和61年の都立公園開園面積1000万平方ｍ達成記念の植樹。近くに人工芝のそりゲレンデがある。

江戸東京たてもの園のみどころ

江戸東京たてもの園のなかでも人気がある下町中通りでは、建物内もよく見ておきたい。荒物屋の丸二商店の店内には茶碗やタワシ、竹カゴ、箒などが並び、小寺醤油店では瓶や缶詰の古いラベル、壁のポスターが楽しい。壁に富士山のペンキ絵がある子宝湯や、醤油樽の椅子が並んだ居酒屋の鍵屋ものぞいてみたい。

園内でも西の方には多摩の農家や同心組頭の家などワラ葺きの家が多く、土間にはカマドがつくられ、水瓶や石臼なども置かれている。瀟洒な洋風の建築が並ぶ山の手通りでは、大正年間に建てられた全室洋室の大川邸や、写真館の常盤台写真場がめずらしい。園内出入口でビジターセンターも兼ねる旧光華殿には、図書を閲覧できるコーナーやミュージアムショップもある。高橋是清邸では喫茶や甘味、下町中通りの「蔵」ではうどんなども楽しめる。

毎月第２水曜日には、ミュージアム・トークとして学芸員が園内の解説・案内を行なっている。

5 江戸東京たてもの園

小金井公園内の敷地約７haに歴史的建造物を移築・復元、現在27棟が公開されている。江戸東京博物館の分館で、多摩・山手・下町などのゾーンに分かれ、庭園や路地裏なども楽しめる。各建物に解説員がいて、内部も見学できる。開園９時30分～17時30分（10～３月は～16時30分）、月曜（祝日の場合は翌日）・年末年始休、大人400円、☎042(388)3300

6 SL展示場

「貴婦人」と呼ばれたＣ57型の蒸気機関車、昭和21年製造の車両を展示している。開場10～16時、３～11月の日曜・祝日と都民の日に公開。小金井公園☎042(385)5611
＊アスベスト対策のため一時閉鎖中

7 真蔵院

付近の新田を開発した関勘左衛門が、父の供養のため建立した寺。境内には、江戸時代中ごろの新田世話役で、上水堤に桜を植えた川崎平右衛門の供養塔がある。夏には大賀ハスが咲く。

8 浴恩館公園

『次郎物語』の作者である下村湖人を所長として開設された青年団指導者養成所、浴恩館を中心とした公園。浴恩館は現在小金井市文化財センターとなっている。開館９時～16時30分、月曜（祝日の場合は翌日）・年末年始休、☎042(383)1198

33

名水のほとりの小径から四季の表情豊かな名園へ

お鷹の道から殿ケ谷戸庭園

所要時間 約1時間5分

JR中央線・武蔵野線西国分寺駅 ▶ 徒歩15分 ▶ 1 旧鎌倉街道 ▶ 徒歩3分 ▶ 2 黒鐘公園 ▶ 徒歩11分 ▶ 3 武蔵国分寺跡 ▶ 徒歩3分 ▶ 4 国分寺薬師堂 ▶ 徒歩3分 ▶ 5 万葉植物園 ▶ 徒歩2分 ▶ 6 お鷹の道 ▶ 徒歩4分 ▶ 7 真姿弁財天 ▶ 徒歩20分 ▶ 8 殿ケ谷戸庭園 ▶ 徒歩3分 ▶ JR・西武線国分寺駅

次郎弁天池がある殿ケ谷戸庭園は、新緑・紅葉ともにすばらしい

武蔵国分寺跡から清流のほとりのお鷹の道を歩き、都指定名勝の殿ケ谷戸《とのがやと》庭園へ向かう。

西国分寺駅から南へ進み、土器のデザインを歩道にちりばめた史跡通りへ。陸橋をくぐって住宅地を歩き、旧鎌倉街道の切り通しをぬけると黒鐘公園だ。

武蔵国分尼寺《にじ》跡を見たら、武蔵野線をくぐって府中街道を横断し、武蔵国分寺跡へ。広さを実感したら国分寺薬師堂と八幡神社に寄り、万葉植物園や文化財保存館で古代に思いを馳せよう。

お鷹の道に入り、コイの泳ぐ流れに沿って歩く。真姿弁財天付近はケヤキが日ざしをさえぎり、夏でもわりあい涼しい。

整然と礎石が並ぶ武蔵国分尼寺の尼坊跡

流れを離れて住宅地を歩き、不動橋で野川を渡る。その先は急坂で、坂の上に小さな公園があり、殿ケ谷戸公園の塀も見えてくる。殿ケ谷戸公園でふたたび湧水に親しみ、国分寺駅に向かおう。

四季の彩り

3月、殿ケ谷戸庭園では梅やフクジュソウ、シュンランやカタクリが春を告げる。4月に入るとクマガイソウやエビネも見られる。4月下旬～5月上旬、藤棚のフジやツツジ類が見ごろ。竹の小道ではタケノコが見られる。

秋の七草を見るなら8月下旬～9月、殿ケ谷戸庭園で。同じころハギの花も咲き、ハギのトンネルをくぐるのも楽しい。9月18日、国分寺薬師堂にある薬師如来座像の年一度の公開日。11月下旬には殿ケ谷戸庭園のカエデ類が紅葉し、大芝生の周囲や次郎弁天池から紅葉亭にかけての一帯はみごとな彩りになる。

黒鐘公園やお鷹の道に点在するケヤキが葉を落とし、殿ケ谷戸庭園ではツワブキやツバキ類が咲く。

33 お鷹の道から殿ケ谷戸庭園

1

旧鎌倉街道

区間は短いが、おおいかぶさるように樹木が茂る切り通しの道で、古道の雰囲気が色濃く残されている。「鎌倉街道上の道」と呼ばれるこの道は、14世紀に新田義貞が鎌倉に攻め上った道でもある。右手の斜面を登ると伝祥応寺跡の広場がある。

2

黒鐘公園

古多摩川の浸食でできた国分寺崖線の下に広がり、斜面を利用した長い滑り台などがあって子どもたちのよい遊び場に。豊かな雑木林におおわれた斜面には遊歩道が整備され、西にある武蔵台公園と連結している。南東に武蔵国分尼寺跡がある。

3

武蔵国分寺跡

奈良時代、国ごとにつくられた国分寺のひとつで、全国最大の規模があったといわれるが、分倍河原の合戦で焼失。講堂、金堂や推定高さ60mの七重塔の礎石が残り、東大寺に似た伽藍配置の様子は、文化財保存館に模型で再現されている。

国分寺薬師堂

江戸時代に入って復興が進んだ最勝院国分寺（現国分寺）の薬師堂で、国指定重文の木造薬師如来像を安置。仁王門も薬師堂と同時期の宝暦年間に作られた。

4

5

万葉植物園

最勝院国分寺の境内に、万葉集に登場する植物のうち160種を集めて栽培、植物名と万葉歌を記した札が立てられている。境内には国分寺市文化財保存館（開館10～16時、月曜休）もあり、模型や瓦などを展示している。☎042(325)2211

お鷹の道

江戸時代、将軍が鷹狩りの際に通ったことから名付けられた。石で固められた道の傍らに澄んだ水が流れ、コイが泳ぐ。点在する農家の古い門や屋敷林のケヤキの大木、竹林や蔵の家紋などが往時の武蔵野を彷彿とさせる。流れに親しむ人も多く、日曜画家や吟行ツアー、ザリガニ釣りの子供などで休日はにぎわう。

真姿弁財天

真姿の池にある島に、弁天さまがまつられている。伝説では、玉造の小町という美女がらい病にかかり、国分寺の薬師如来にお参りした。夢のお告げに従いこの池の水で顔を洗ったところ、美貌が復活したという。付近は真姿の池湧水群と呼ばれ、ペットボトル持参で水を汲みにくる人も多い。

殿ケ谷戸庭園

満鉄副総裁江口定條の別邸だったが、昭和４年、旧三菱財閥の岩崎彦弥太が再整備した。のちに都が買収し、昭和54年公開。国分寺崖線の地形を利用した回遊式庭園で、園内の次郎弁天池の水源も豊富な湧き水。斜面には茶室の紅葉亭が建ち、カエデやツツジなどが植えられている。カタクリやクマガイソウ、エビネなど野草も多く見られ、樹齢約100年のノダフジの藤棚もある。開園９～16時30分、年末年始休、大人150円、☎042(324)7991

JOY グルメスポット

だんごの輪島☎042(323)1611は、ボクシングの元世界チャンピオン輪島功一が、青春の地に開いた店。団子7種は1本63円から。三色素甘のだんご三姉妹も人気者。おみやげには、ずっしり重いファイト最中105円を。梅の花国分寺店☎042(320)4621は豆腐と湯葉料理の専門店。カロリー明示のセットメニューは、ランチ1500円から。だしが決め手の上品な味で、アレンジのきいた豆腐と湯葉の料理(写真左)。窓からは殿ケ谷戸庭園を見下ろせる。

34

湧き水のほとりを経て、梅や桜の名所へ

矢川緑地から谷保天満宮

所要時間　約1時間55分

JR南武線西国立駅 ▶ 徒歩15分 ▶ 1 矢川緑地保全地域 ▶ 徒歩9分 ▶ 2 矢川いこいの広場 ▶ 徒歩15分 ▶ 3 ママ下湧水 ▶ 徒歩11分 ▶ 4 南養寺 ▶ 徒歩3分 ▶ 5 くにたち郷土文化館 ▶ 徒歩8分 ▶ 6 城山公園 ▶ 徒歩10分 ▶ 7 谷保天満宮 ▶ 徒歩14分 ▶ 8 さくら通り ▶ 徒歩18分 ▶ 9 一橋大学 ▶ 徒歩9分 ▶ JR中央線国立駅

ママ下湧水から始まる用水路沿いに田園風景が広がる

西国立駅からみのり通りを下ると、左手に立川段丘から湧き出る湿地が出現する。ここは矢川緑地保全地域、清流矢川の源流である。矢川いこいの広場を水路沿いに歩くと甲州街道につきあたり右折。次の信号を渡り、滝乃川学園の正門をめざす。矢川は滝乃川学園内を流れるが、右に迂回してママ下湧水へ。

桜並木がつづく大学通り

湧水沿いに散策すると矢川通り。ここから南養寺とくにたち郷土文化館に立ち寄り、歴史と文化にふれる。

ハケ（段丘）下散策路をたどり、ヤクルト研究所の脇をすりぬけると、古民家が現われる。ここは城山公園の一角で、レンゲ畑などの田園風景が広がる。

「雑木林のみち」の道標を目印に、赤い天神橋を渡る。道沿いの水路をさかのぼると常磐《ときわ》の清水。都内三大天神のひとつ谷保天満宮の境内をぬけると甲州街道に出て、谷保駅も近い。

春の桜、秋の紅葉の季節には大学通りを国立駅まで歩こう。さくら通りを渡り、一橋大学へ。昭和初期のロマネスク様式の建物も見学していきたい。

四季の彩り

さくら通りは約１kmにわたり桜のトンネルに。谷保の田園にはレンゲや菜の花が咲く。

城山公園の森に群生するキツネノカミソリが開花。

11月3日には、谷保天満宮でおかがり火とも呼ばれる庭燎（ていりょう）祭が行なわれる。積み上げられた神木を燃やす火柱にあたると、風邪をひかないといわれる。市民祭、一橋祭が開かれる大学通りは桜と平行して植えられたイチョウ並木が黄金色に彩られる。

12月の夜には大学通りでクリスマスイルミネーションが輝く。2月、谷保天満宮の梅園では約300本の梅が開花、あたりを甘い香りで包む。

34 矢川緑地から谷保天満宮

1 矢川緑地保全地域

立川段丘面に残された湿地は東京近郊では珍しく、昭和52年に東京都が保全地域に指定。保全地域では雑木林とともに水生生物のための湿地帯や入江が整備されている。矢川の流れのなかには、ミクリやヤナギモなどの植物、アメリカザリガニやコカゲロウといった生物が生息。矢川緑地から谷保駅のコースは、東京都が推薦する「雑木林のみち」のひとつに選ばれている。

2 矢川いこいの広場

矢川の清流に親しむことができる市民の憩いの場。矢川は立川段丘崖下から湧き出る豊富な水を源として、甲州街道を横断して府中用水と合流する長さ1.5kmの小川。府中用水との合流地点は「矢川おんだし」と呼ばれる。

3 ママ下湧水

この辺り一帯には高さ8m前後の青柳段丘崖が連なっている。がけのことを地方名で「まま」と呼ぶことから、ここから湧き出る地下水を「ママ下湧水」と呼んでいる。昔からこの一帯は豊富な湧水群で、昭和初期まではわさび田が見られた。昭和62年の渇水年にも都内で唯一涸れなかった湧水という。

4 南養寺

禅宗の臨済宗建長寺派。鐘楼は天明8年(1788)の建立で四本柱形式入母屋造り、梵鐘は鋳物三家関忠兵衛により安永6年(1777)に鋳造。

5 くにたち郷土文化館

市内の遺跡の出土品、郷土の歴史と民衆の暮らしをゾーン別に展示。半円形状に掘り込んである中庭は催しのときには舞台に変わるコロシアムをかたどった設計。開館9～17時、第2・4木曜・年末年始休、☎042(576)0211

6 城山公園

谷保の城山は鎌倉時代初期の豪族三田氏の城館跡。段丘林などの貴重な植生が残されている。南側には江戸時代のかやぶき屋根の古民家が復元され、十五夜の月見かざりや小正月のまゆ玉かざりなどの行事が公開されている。開園10～16時、第２・４木曜・年末年始休、☎042(575)3300

7 谷保天満宮

野暮天の語源となった通称やぼてん。湯島・亀戸と並ぶ天神で、主祭神は学問の神様、菅原道真公。毎年９月25日秋の例大祭には獅子が勇壮に舞う。村上天皇から寄進された狛犬や藤原経朝筆の扁額などの社宝を所蔵。

8 さくら通り

春に見逃せないのがさくら通りの桜並木。大学通りと交差して東西に延びる通りには、３カ所のポケットパークが整備され、花見にも最適。４月初旬の休日には、谷保第三公園を主な会場として市民手作りの祭り「さくらフェスティバル」が開催される。

9 一橋大学

前身は東京商科大学で、関東大震災後に神田一橋から移転。兼松講堂など、昭和初期のロマネスク様式を代表する建物で構成されている。大学通りは広い道路にイチョウやサクラの街路樹や花壇が並び、新東京百景に選定されている。

JOY グルメスポット

くにたち郷土文化館内にある､喫茶&軽食のすみれ(写真右)☎042(576)0211は、矢川沿いの散策中に立ち寄れる貴重な休憩スポット。ガラス製品、ミニチュアなど、個性的な専門店が並ぶ大学通りにあるグーテ･サンク☎042(576)7375は、素材にこだわる正統派フランス菓子の店。各種ケーキ（写真左）もおすすめだが、散歩途中にはアイスクリームを。また国立駅そばのブランコ通り（写真右）の喫茶店やギャラリーには学生街の雰囲気が漂う。

35

水の恵みを受けた地に古刹と植物園を訪ねる

深大寺と神代植物公園

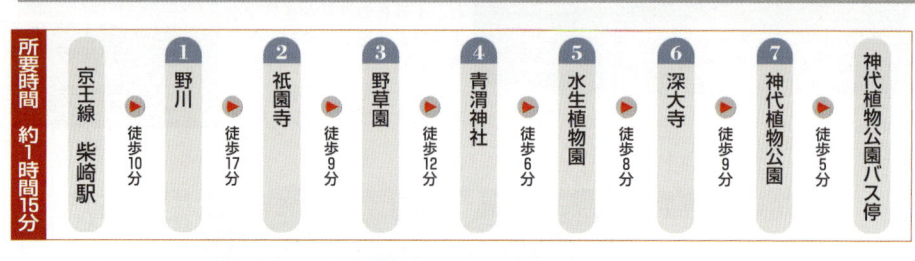

所要時間　約1時間15分

京王線　柴崎駅 → 徒歩10分 → 1 野川 → 徒歩17分 → 2 祇園寺 → 徒歩9分 → 3 野草園 → 徒歩12分 → 4 青渭神社 → 徒歩6分 → 5 水生植物園 → 徒歩8分 → 6 深大寺 → 徒歩9分 → 7 神代植物公園 → 徒歩5分 → 神代植物公園バス停

神代植物公園のバラ園では、年２回、春と秋に花を楽しめる

東京では浅草《せんそう》寺に次ぐ古刹である深大寺。京王線調布駅やつつじケ丘駅、ＪＲ中央線三鷹駅や吉祥寺駅からバスを利用し、神代植物公園とあわせて訪れる人も多いが、京王線柴崎《しばさき》、国領《こくりょう》、布田《ふだ》、調布《ちょうふ》の各駅から歩いても30分ほど。その道中にも見どころが点在する。

深大寺の豊富な湧き水を利用した手洗水

柴崎駅から野川に出て、川沿いの遊歩道を上流に向かう。線路下をくぐり、国道20号を横断。大橋のたもとで右折し、祇園寺の前から畑のなかの道を歩くと、柏野小学校に突き当たる。校庭東側の道に入ると、前方に見えてくる小山が深大寺自然広場で、左手の園地の奥に野草園がある。

中央自動車道の下をくぐり、広場のフェンス際の階段道を上ったら右へ道なりに進む。三鷹通りに出たところに交番があり、深大寺通りとの交差点になっているが、三鷹通りを歩いて青《あお》渭《い》神社まで足をのばそう。

深大寺小学校の裏から回り込んで深大寺通りに出ると、向かい側に水生植物園の入口がある。深大寺に参拝し、深大寺門から神代植物公園へ。帰路は正門前からバスに乗るとよい。

四季の彩り

４月初旬、野川に沿った桜並木が満開となる。５月中旬～６月上旬、神代植物公園のバラ園が春バラの花で埋まる。

神代水生植物園のハナショウブの見ごろは６月いっぱい。８月になると神代水生植物園でミソハギやハスの花が開花する。

10月いっぱいは神代植物公園の秋バラが冴えた色を見せてくれる。

正月三ガ日は、深大寺が初詣客でにぎわい、元三大師座像のご開帳がある。２月に入ると、深大寺や神代植物公園の梅林で梅が咲く。３月３、４日は深大寺のだるま市でにぎわう。

35 深大寺と神代植物公園

1

野川

水源は武蔵野台地を古多摩川が浸食して造った段丘（国分寺崖線）の湧水。水質がよくコイなどが生息している。両岸に遊歩道が設置され、桜並木がつづく。

祇園寺

2

深大寺を開いた満功（まんくう）上人誕生の地に、満功自身が開いたと伝えられる。正式な名は虎狛山日光院祇園寺で、調布七福神の福禄寿。

野草園

3

武蔵野に自生していたものを中心に、約300種の野草を栽培。芝生広場をはさんで対面の斜面には、４月にカタクリが咲く。開園10～16時、月曜・10～３月・祝日・第１・第３土・日曜休。☎0424(98)1464

4

延喜式の多摩郡八座のひとつと伝えられる古社。かつて門前に大池があったとされ、大きなケヤキがご神木。

青渭神社

5

都立神代植物公園の分園として平成８年に開園。もともと湧き水があり、湿地帯だったところを整備したもので、花菖蒲園のほか、ハスやアサザが浮かぶ池、アシ原などがあり、木道づたいに一周できる。西側のこんもりとした高みは深大寺城跡。開園時間、休園日、問合せ先は都立神代植物公園に同じ。

水生植物園

門前そばで有名な深大寺は、創建当時は法相宗で、天台宗に宗旨を改めたのは元三（がんざん）大師。慶応３年（1867）再建の元山大師堂内に、正月三ガ日とだるま市のときだけ開帳される元三大師座像を安置、賓頭盧（びんずる）像は常時公開。調布七福神の毘沙門天とともに釈迦堂に安置されている釈迦如来倚像（国重文）は、関東最古の白鳳仏。弁天池の島には亀島弁財天がまつられている。

深大寺

神代植物公園

昭和36年（1961）に東京都開都500年を記念して開園。大芝生を中心に、バラ園と大温室、山野草園、はぎ園、梅園などが配置され、約4500種10万株という植物が植えられている。とくにバラの栽培では有名。菊花展など季節の催しもある。正門近くに展示室のある植物会館、売店などがある。開園９時30分～17時、月曜（休日の場合は翌日）・年末年始休、大人500円、☎0424(83)2300

J&Y グルメスポット

深大寺周辺には20店以上の蕎麦店があり、深大寺そばとして名高い。江戸時代の元禄期に、地元でとれたソバと湧き水を利用して深大寺の寺坊で打ち、寛永寺門主に献上した「献上そば」が始まりとされる。神代植物公園深大寺門近くの玉乃屋☎0424(85)0303では、北海道・茨城・栃木産を主とした石臼挽き自家製粉そば粉を使用。手打ちの二八そばほか、十割そばとして細打ちせいろ（写真）と太打ち田舎、太打ち釜揚げがある。１週間かけて煮るというにしんの棒煮も人気。深大寺通りにも、野草天ぷらのおいしい陣屋☎0424(82)8314など、手打ちのそば屋が点在する。お茶を飲みながらひと休みするなら、水車館の前にある曼珠苑☎0424(87)7043で。コーヒー420円のほか、玄米餅のいそべ巻525円、おしるこ630円。

36

武蔵野の川と雑木林の自然に親しむ

野川公園から浅間山公園

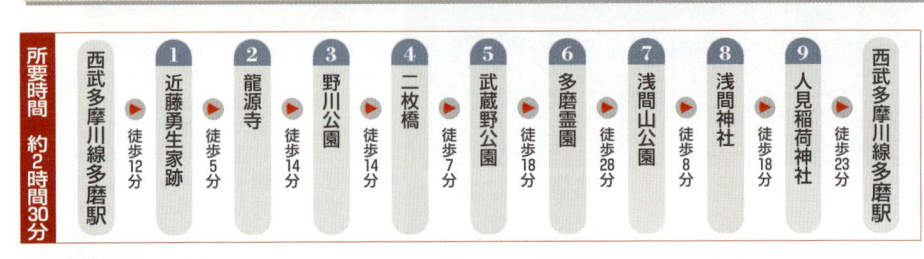

所要時間　約2時間30分

西武多摩川線多磨駅 ▶ 徒歩12分 ▶ 1 近藤勇生家跡 ▶ 徒歩5分 ▶ 2 龍源寺 ▶ 徒歩14分 ▶ 3 野川公園 ▶ 徒歩14分 ▶ 4 二枚橋 ▶ 徒歩7分 ▶ 5 武蔵野公園 ▶ 徒歩18分 ▶ 6 多磨霊園 ▶ 徒歩28分 ▶ 7 浅間山公園 ▶ 徒歩8分 ▶ 8 浅間神社 ▶ 徒歩18分 ▶ 9 人見稲荷神社 ▶ 徒歩23分 ▶ 西武多摩川線多磨駅

野川の流れを中心に設計されている野川公園

野川公園、武蔵野公園、浅間《せんげん》山公園と結んで歩き、三公園の個性を味わう。

多磨駅から人見《ひとみ》街道に出て右へ。近藤勇《いさみ》生家跡は路傍の小さな一角。龍源寺で近藤勇の墓に立ち寄り、野川公園入口へ。

開放的な芝生の広場を通り、東八《とうはち》道路を中之橋で渡る。右手に下ると野川が見え、自然観察センターが建っている。対岸の自然観察園はフェンスで囲まれ、入園は９時30分～16時30分に限られる（月曜休み）。

澄んだ野川の流れに沿って歩き、二枚橋をすぎて武蔵野公園に入る。野川沿いの歩道も快適だが、春は桜並木の園路を通りたい。運転免許試験場の右手を進み、イチョウ並木の東八道路を再度渡ると多磨霊園。

霊園からもこんもりと見える浅間山公園へは、きすげ橋を渡っていく。雑木林の公園を一周すれば心も潤う。人見稲荷神社に詣でたら、畑のなかの参道から鳥居をくぐって人見街道へ。屋敷林を見ながら歩くと、寺や石材店がめだってきて、多磨駅にもどる。

浅間山公園に咲くムサシノキスゲ

四季の彩り

４月初旬、野川公園・多磨霊園の桜が咲き、花見客でにぎわう。野川沿いのヤナギの緑も鮮やか。少し遅れて武蔵野公園では園路沿いのサトザクラが開花する。浅間山公園では４月にヒトリシズカが路傍を飾り、５月中旬にはムサシノキスゲが咲く。

野川公園のほたる池ではホタルの観察会が開かれ、はす池ではハスの花が咲く。野川沿いにはトンボが飛び交う。

多磨霊園のあちこちで菊の花が見られる。11月末にはカエデ類が鮮やかに紅葉する。野川に沿って植えられた武蔵野公園のカエデも美しい。

野川公園ではカモなどの野鳥を観察できる。

36 野川公園から浅間山公園

1

近藤勇生家跡

新撰組を率いた近藤勇は人見街道に面した豪農の三男に生まれ、剣の師、近藤氏の養子となった。生家の南東隅にあった産湯の井戸が保存されている。

2

龍源寺

近藤勇の菩提寺で、門前に近藤勇の胸像、本堂裏に墓がある。遺骨は近藤の肉親や縁者が刑場から密かに運んだものといわれる。

3

国分寺崖線からの湧水を集める野川に沿って設計された公園。水辺の環境を生かした自然観察園があり、土手を下れば、川のなかで水遊びも。自然観察センターでは国分寺崖線から水が湧くしくみや付近の動植物について学べる。アスレチック施設のあるわんぱく広場やいこいの広場など、芝生の面積が広いのも、もとは国際基督教大学のゴルフ場だったため。

野川公園

4

二枚橋

野川に架かる橋で、庄屋の息子と山守の娘との悲恋にまつわる伝説が残されている。現在はすぐ隣に西武多摩川線の鉄橋がある。

武蔵野公園

通学する小学生のよき道草の場となっている野川沿いの公園。西側にあるくじら山は、小学校造成時の残土を盛った山。中央の苗圃では公園や街路樹に植える樹木を育てている。バーベキュー広場は予約なしで気軽に利用できる。

5

多磨霊園

大正８年に計画された日本最初の公園形式の墓地。整然と区画された敷地は緑が豊かで、四季折々の花に恵まれている。ソメイヨシノ、シダレザクラなど1050本もの桜が楽しめる。

浅間山公園

多摩台地が河川に浸食されたあとに残ったとされる天然の丘で、武蔵野の面影を残す雑木林におおわれている。中腹の湧水には、水手洗神社がまつられている。ここだけに自生するムサシノキスゲなど、貴重な植物が残る。

浅間神社

浅間山公園でもっとも高い堂山山頂にまつられ、祭神は此花開耶姫命。標高は80ｍだが三角点もあり、府中方面を見下ろせる。

人見稲荷神社

かつて浅間山周辺の荒れ地は人見ガ原と呼ばれ、南北朝の時代に足利尊氏と新田義興・義宗が戦った。境内のシラカシの林とヤブツバキの古木が「府中の名木百選」に選定されている。

有名人の墓をめぐる

広大な多磨霊園には著名人の墓も多い。管理事務所では、霊園内の案内図と冊子「多磨霊園にねむる著名人」を販売している。要所にある区画図や標柱を参考に根気よく探そう。なお、ペンネームなどが本名と異なる場合も多いので注意しよう。以下に著名人を何名か挙げておく。江戸川乱歩（26区１種17側６番）、菊池寛（14区１種６側１番）、北原白秋（写真下右、10区１種２側６番）、三島由紀夫（10区１種13側32番）、与謝野鉄幹・晶子（11区１種10側14番）、吉川英治（20区１種51側５番）、梅原龍三郎（５区１種７側43番）、下村観山（３区１種９側５番）、中山晋平（21区１種６側３番）、仁科芳雄・朝永振一郎（22区１種38側５番）、内村鑑三（写真下左、８区１種16側29番）、高橋是清（８区１種２側16番）、山本五十六（７区特種１側２番）。

37 古くからの名勝をつないで多摩丘陵を歩く

京王百草園から高幡不動尊

所要時間 約1時間30分

京王線聖蹟桜ケ丘駅 ▶ 徒歩7分 ▶ 1 一ノ宮渡し跡 ▶ 徒歩8分 ▶ 2 小野神社 ▶ 徒歩14分 ▶ 3 六地蔵 ▶ 徒歩12分 ▶ 4 京王百草園 ▶ 徒歩3分 ▶ 5 百草八幡神社 ▶ 徒歩12分 ▶ 6 百草台自然公園 ▶ 徒歩27分 ▶ 7 高幡不動尊 ▶ 徒歩5分 ▶ 京王線高幡不動駅

紅梅・白梅の香りに包まれる早春の京王百草園

名園と名刹を結ぶロングコース。宅地開発のはざまに残された歴史を訪ねる。

聖蹟《せいせき》桜ケ丘駅前のザ・スクエアの角を曲がり、一ノ宮渡し跡からコイの泳ぐ小川に沿った通りを歩くと、右に小野神社がある。

小野神社通りから広い川崎街道に出て、野猿《やえん》街道との交差点から細道に入る。右に蔵がある所から左に上ると六地蔵。のどかな畑中の道はすぐ住宅地に入り、坂を上って京王百草《もぐさ》園に着く。

京王百草園の三櫟《さんれき》庵の横から百草八幡神社へぬけ、雑木林のわきを通って団地のなかの道へ。三角点公園の前で信号を渡り、小学校をすぎると、百草台自然公園に着く。

園内の階段を上りつめ、三沢配水所のフェンス沿いを歩く。配水塔前からの下り坂は、川崎街道の手前で急になる。

川崎街道に出たら五重塔を目印にして高幡不動尊をめざす。元気があったら高幡城址に上ってみるとよい。帰りはみやげ物を見ながら参道を高幡不動駅へ。

高幡不動に立つ、日野市ゆかりの土方歳三像

四季の彩り

4月下旬～5月上旬は京王百草園の新緑まつりで、フジ・ツツジが見ごろ。高幡不動尊では4月初旬、約300本の桜が咲く。4月28日は春季大祭。

6月中旬～7月初旬は、高幡不動尊で7000株のアジサイが次々に咲く。7月中旬～8月上旬は百草台自然公園の斜面にヤマユリが咲く。

9月28日、高幡不動尊の秋期大祭。11月は百草園で紅葉まつりが開かれ、落ち葉焚きの集いでは焼き芋も食べられる。高幡不動尊でも、もみじまつりが開かれる。

高幡不動尊では、1月28日に初不動大祭、2月の節分に豆まき式が行なわれ、だるま市も開かれる。百草園では2月～3月に約800本の梅が咲き、梅まつりでにぎわう。

37 百草園から高幡不動尊

一ノ宮渡し跡

「一ノ宮」は近くの小野神社。この地点の北の多摩川にかつては一ノ宮の渡し場があったとされる。小野神社のご神木のケヤキが２本立ち、神南せせらぎ通りが小野神社へと延びている。

小野神社

『延喜式』にも多摩郡八座のひとつとして記載された古い神社。府中大国魂神社との関わりが深く、小野神社の御輿は昭和33年まで大国魂神社のくらやみ祭りにも参加していた。境内は広く、再建された随神門がみごと。

六地蔵

百草旧道と呼ばれる細い農道の路傍に、６体の古い地蔵と道祖神などが立っている。畑地のなかでここには木陰ができており、この道の古い歴史がしのばれる休憩地点となっている。

京王百草園

江戸時代の享保年間、小田原城主大久保侯の室だった寿昌院が松蓮寺を再建した際に造られた庭園。文化・文政年間には文人や茶人に親しまれ、明治に入ると若山牧水ら文学者が訪れた。園内に心字池があり、茅葺き屋根の松連庵や茶室の三櫟庵が建つ。都内有数の観梅の名所。開園９～17時（11・12月は～16時30分）。水曜休、大人300円、☎042(591)3478

5

百草八幡神社

11世紀に源頼義が造立したといわれ、奉安殿には国重文の阿弥陀如来像が安置されている。境内には幹まわり1m以上もあるスダジイの巨木が何本もみられる。社殿修復のたびに木材を調達したという雑木林が近くにあり、その下の坂道に由来を書いた案内板が立っている。

百草台自然公園

6

丘陵の斜面を利用した公園で、池を取り巻く湿性植物ゾーン、雑木林を生かした多摩丘陵の植物ゾーン、薬用植物ゾーンなどで四季折々の植物を観察できる。雑木林の遊歩道の上部にはパノラマ台があり､展望がよい。

7

高幡不動尊

高幡山金剛寺。関東三不動のひとつで、平安初期に慈覚大師円仁が開いたと伝えられる。都内唯一の鎌倉時代の遺構とされる不動堂（国重文）、「鳴り竜」が天井に描かれた大日堂、五重塔などが建つ。芭蕉の句碑や、新撰組副長土方歳三の銅像や近藤勇と土方の顕彰碑もある。アジサイが有名で、多種多様な品種が見られる。

グルメスポット

高幡不動尊の参拝みやげの定番は、松盛堂☎042(591)0317の高幡まんじゅう。茶はつぶあん、白はこしあん。あじさいまつりの期間に合わせた限定販売のあじさい餅は、赤紫色の古代米を使用（写真右）。

そば処、開運そば☎042(592)3553の蕎麦は、開運蒲鉾入りで味にも定評がある。秋から春にかけ店頭で焼かれるそば団子もみたらし風で風味満点（写真左）。その向かいの不動せんべい開運堂☎042(594)2211では、醤油が香ばしい不動せんべいなど各種のせんべい、歳三やき、アジサイシーズンにはあじさいのソフトクリームも売られている。

38 近代的な学園都市から昔日をしのぶ道へ

絹の道から片倉城跡公園

所要時間 約2時間10分

京王相模原線南大沢駅 ▶ 徒歩5分 ▶ 1 ラ・フェット多摩南大沢 ▶ 徒歩36分 ▶ 2 小泉家屋敷 ▶ 徒歩12分 ▶ 3 諏訪神社 ▶ 徒歩8分 ▶ 4 絹の道 資料館 ▶ 徒歩2分 ▶ 5 絹の道 ▶ 徒歩15分 ▶ 6 大塚山公園 ▶ 徒歩40分 ▶ 7 片倉城跡公園 ▶ 徒歩10分 ▶ 京王高尾線京王片倉駅

ヤマブキソウ咲く片倉城跡公園の奥の沢

かつて八王子から横浜へと生糸を運んだ「絹の道」を歩いてみよう。ちょっと長めのコースなので、余裕をもって計画したい。

南大沢駅で下車すると、にぎやかなラ・フェット多摩南大沢に迎えられる。都立大に突きあたったら左

花々に彩られた南大沢駅からスタート

折、欅歩道橋を渡って集合住宅地の遊歩道をたどる。分岐で右に行き、左に現われる階段を上がると宮上中バス停がある。

ここからは広い車道脇の歩道を歩く。柏原橋を渡り、柚《ゆ》木《ぎ》街道を左折。大栗川沿いに進むと、小泉家屋敷への道が左手に分かれる。

小泉家屋敷を往復して嫁入橋を渡り諏訪神社へ。少しもどり、鑓水まちの広場の手前を左へ進むと絹の道資料館、その先に庚申塔があり、絹の道は右に進む。

大塚山公園から急な階段道で八王子バイパスに下り、これを越えると住宅地のなかを下るようになる。日本文化大の近くの山ぎわを通り、ＪＲ片倉駅そばで国道16号に出る。

国道を北上して線路をくぐると、まもなく左手に片倉城跡公園。園内を散策したら国道にもどり、京王片倉駅をめざす。

四季の彩り

南大沢駅前はGWのころ、色とりどりのガーディニング作品で飾られる。片倉城跡公園では3月末からカタクリやニリンソウなどの野草の花が次々と咲き競う。

片倉城址公園の菖蒲田ではハナショウブ、池ではコウホネやスイレンの花が鮮やか。盛夏にはハスも咲く。

11月ごろ、片倉城址公園や絹の道は紅葉に彩られる。

奥多摩の山々もくっきり浮かび、落ち葉を踏みしめ絹の道を歩ける。

38 絹の道から片倉城址公園

ラ・フェット多摩南大沢

南大沢駅から北へ延びる歩道の両側に、ブランドファッション、スポーツ、雑貨からガーデニング、ペットまで60を越えるショップが集合したアウトレットパーク。「南仏プロヴァンス地方の祝祭の丘」をイメージした明るい空間で、お得なショッピングが楽しめる。10〜20時、☎0426(70)5777

小泉家屋敷

明治11年に建てられた多摩地方の典型的な農家。内部を見ることはできないが、茅葺き・入母屋造りの母屋と土蔵などがあり、敷地全体が都の有形民俗文化財に指定されている。

諏訪神社

絹の道を舞台に栄華を競った鑓水(やりみず)の豪商、八木下要右衛門と大塚徳左衛門が奉納した石灯籠がある。

絹の道資料館

養蚕に使われた道具や、絹の道の繁栄ぶりを描いた絵巻物や文書を展示。製糸の工程や日本の養蚕についても学べる。絹の道が栄えたころ、このあたりで活躍した豪商たちは「鑓水商人」と呼ばれたが、彼らの残した美術品なども展示されている。鑓水商人のひとり、八木下要右衛門の屋敷跡に建てられた。開館9〜17時(11〜2月は〜16時30分)、月曜(祝日の場合は翌日)・年末年始休、☎0426(76)4064

絹の道

八王子と横浜を結ぶ古い道で、片倉・鑓水峠・長津田などを通っていた。幕末から明治初期にかけて、八王子に集められた生糸は、この絹の道を通って横浜に運ばれていたが、のちに御殿峠道(国道16号の前身)や鉄道にその役目を譲った。文化庁指定「歴史の道百選」のひとつ。

大塚山頂上には、道了堂跡（上）や三角点標石がある。亀にのった地蔵像もユーモラス

グルメスポット

国道16号線沿い、片倉城跡公園そばにあるコーヒーブリックス（写真右）☎0426(37)0296。米の貯蔵庫を改造したというレンガ造りの喫茶店で、店内に洋画を飾っている。60mの深さから汲み上げた井戸水を使用しており、コーヒーの味わいも深い。八十八（やそはち）庵☎0426(26)2877では、自家製粉、手打ちの十割蕎麦を味わえる。せいろ735円、江戸前の活穴子を使用した穴子天せいろは1680円（写真）。素材を重視した一品料理のメニューも豊富。

大塚山公園

6 明治の初めに鑓水商人の尽力で道了堂が建てられていた。浅草の花川戸から移したもので、参詣客でにぎわった。やがて無住となり荒れるにまかせていたが、現在は礎石だけ残されている。付近には三角点標石もあり、石仏が点在する。石段の下には絹の道の石碑が立っており、側面に「日本蚕糸業史跡」「鑓水商人記念」と刻まれている。山頂の北側からは奥多摩の山も見える。

7

片倉城跡公園

中世の山城の遺構を残し、規模は大きくないが、変化に富んだ景観が展開する。湧水を受ける池、水車のある菖蒲園、芝生が広がる本丸と二の丸跡、点在する19の彫刻。春は片倉の名の由来となったカタクリをはじめ、ニリンソウ、ヤマブキソウなどが咲く。

39

四季それぞれに花の彩り豊かな公園をめぐる

薬師池公園から本町田遺跡公園

所要時間　約1時間30分

薬師池バス停 ▶ 徒歩3分 ▶ 1 町田リス園 ▶ 徒歩7分 ▶ 2 薬師池公園 ▶ 徒歩15分 ▶ 3 ふるさと農具館 ▶ 徒歩2分 ▶ 4 町田ぼたん園 ▶ 徒歩10分 ▶ 5 七国自然苑 ▶ 徒歩4分 ▶ 6 鎌倉井戸 ▶ 徒歩6分 ▶ 7 町田ダリア園 ▶ 徒歩22分 ▶ 8 ひなた村 ▶ 徒歩12分 ▶ 9 本町田遺跡公園 ▶ 徒歩7分 ▶ 市立博物館バス停

広い池の周囲を散策できる薬師池公園

町田の美しい自然、大切な文化遺産にふれながら七《なな》国《くに》山の里を歩こう。

町田駅から乗車したバスを薬師池で降りる。すぐ前の町田リス園に寄ってから薬師池へ。薬師池公園は新東京百景のひとつ。椿園、花菖蒲園、萬葉《まんよう》草花苑、梅林が点在するなかに、大滝と水車、炭焼小屋、旧家、薬師堂が美しく調和。大賀《おおが》ハスのハス田を通り、七国山へと入っていく。

華やかなボタンの花が妍を競う

ふるさと農具館、町田ぼたん園、七国山ファーマーズセンター、市民農園とつづき、七国山緑地保全地域のなかには、こころみ農園と七国自然苑がある。道なりに進むと旧街道沿いに鎌倉井戸があり、右手に、関東以西では最大という町田ダリア園の斜面が見える。

鎌倉街道より東の道を歩けば、ひなた村のアーチが迎える。小山を登ると、都市型の青少年施設が広がっている。施設を迂回し、小山を下ると野球場に出る。

水門の脇をぬけて急坂を登りきると、本町田遺跡公園。町田市立博物館で今日歩いたコースをおさらいし、仕上げとしよう。

四季の彩り

薬師池公園の薬王院の手前にはシャガの花。また七国山周辺には、菜の花畑が広がる。公園内の花壇も花盛り。薬師池公園南のえびね苑は4月下旬に限り開園。ぼたん園はゴールデンウィークのころが見ごろ。

6月には花菖蒲園に各種2300株のハナショウブ。7月から10月までダリア園が開園。8月、ハス田には大賀博士が発掘した2000余年前の大賀ハスが咲く。

萬葉草花苑では春から秋まで万葉集に歌われた草花を鑑賞できる。

2月下旬から梅園には紅白約250本の梅が開花。椿園には約1000本のツバキが。

39 薬師池公園から本町田遺跡公園
0 100 200 300 400 500m
N
民権の森
野津田町
町田ぼたん園
ふるさと農具館
夢の子ランド
薬師ヶ丘会館
薬師ヶ丘団地
国本学園
町田キャンパス
ハス田
府中町田線
薬師台三丁目
七国山緑地
七国山
ファーマーズ
センター
市民農園
こころみ農園
七国自然苑
椿園
町田市フォトサロン
鶴川駅へ
薬師台二丁目
薬師池公園
薬師池
旧永井家住宅
はにわ公園
やくし茶屋
萬葉草花苑
旧荻野家住宅
町田リス園
薬師台一丁目
鎌倉井戸
旧鎌倉街道
町田市
小田急線町田駅から
神奈中バス 15分
町田ダリア園
薬師中学校
金井一丁目
町田修道院
鎌倉街道
望ヶ丘団地
町田えびね苑
金井町
今井谷戸
本町田
藤の台小学校
鶴川街道
登戸へ
調整池
公団藤の台団地
千代ヶ丘団地
本町田東
小学校
本町田中学校
本町田西小学校
藤の台
テニスコート
日向山公園
野球場
ひなた村
てっぺん広場
本町田
遺跡公園
町田市立博物館
都公社
町田木曽住宅
本町田
少年
サッカー場
宏善寺
弥生ヶ丘団地
玉川学園
四丁目
恩田川
小田急線町田駅へ
神奈中バス 10分
町田第三小学校
町田駅へ
町田駅へ
市立博物館前

町田リス園

約 400匹のタイワンリスが放し飼いにされ、リスとのふれあいを楽しめる。プレーリードッグなどの小動物も飼育。開園10～17時（時期により異なる）、火曜（祝日の場合は翌日）・年末年始休、大人400円、子ども200円、☎042（734）1001

薬師池公園

薬師池を中心にした、緑豊かな和風庭園。梅に始まり、ツバキ、桜、フジ。夏はハナショウブ、アジサイ、大賀ハスと、次々に花が咲く。萬葉草花苑（開苑 9 時～16時30分、火曜・11～3月休）では万葉集に歌われている70種の草花のほか260種の山野草を植栽。移築されている古民家のうち、旧永井家は国の重要文化財。開園 6～18時（6～8月は～19時）、☎042（793）7611

ふるさと農具館

町田の農業を後世に継承することを目的に設置。ふれあい館、パネル館、菜種油しぼりの体験実習館で構成。開館 9 時30分～16時30分（11～1 月は～16時）、月曜・年末年始休、☎042（736）8380

町田ぼたん園

ボタンの数は198種1200株。4 月中旬～5 月上旬に開花。開園 9 時30分～16時、開園期間以外は、民権の森公園として無料開放。大人500円、☎042（736）4477

七国自然苑

七国山は標高わずか128ｍだが、その山頂から相模や甲斐など７つの国が一望できたことが名前の由来。苑内には旧坂倉家別荘の汎蒼庵跡やこころみ農園がある。

鎌倉井戸

旧鎌倉街道にある町田市指定遺跡。新田義貞が鎌倉攻めの進軍途中に井戸を掘り、水を軍馬に与えたと語り伝えられている。井戸の深さは約４ｍ。

町田ダリア園

開園は６月20日～11月3日、500種4000株というダリアがカラフルに開花。開園９時30分～16時30分、火曜（祝日の場合は翌日）８月休、大人350円、☎042(722)0538

ひなた村

林のなかの広場や童話の森、レクリエーションルームなどを備えた青少年施設。コンサート、創作教室、冒険教室、ひなた村祭りなど、各種催し物を行なう。開園９～18時、火曜（祝日の場合は翌日）・年末年始休、☎042（722）5736

本町田遺跡公園

昭和43年の発掘調査で発見された住居跡を公園として一般公開。隣接する町田市立博物館では、年7～8回の展覧会を実施している。開館９～16時30分、月曜（休日の場合は翌日）・年末年始休、☎042 (726)1531

JOY グルメスポット

薬師池公園内の休憩は、やくし茶屋（写真右）で。薬師だんご、番茶付きのあんみつや甘酒、抹茶のセット（写真左）がある。ほかにフジ棚の近くに売店が一軒。町田ぼたん園への道端には手づくりアイスクリームの売店夢の子ランド（写真右）があり、フレッシュアイスが250円前後。コース中に食事処はないので、お弁当持参で。

40

多摩湖畔の広い空と雑木林を楽しむ

多摩湖から狭山緑地

所要時間 約1時間35分

西武多摩湖線 西武遊園地駅 ▶ 徒歩10分 ▶ 1 狭山公園 ▶ 徒歩10分 ▶ 2 多摩湖 ▶ 徒歩30分 ▶ 3 狭山緑地 ▶ 徒歩5分 ▶ 4 東大和市立郷土博物館 ▶ 徒歩2分 ▶ 5 雲性寺 ▶ 徒歩12分 ▶ 6 東大和公園 ▶ 徒歩10分 ▶ 7 円乗院 ▶ 徒歩3分 ▶ 8 狭山神社 ▶ 徒歩13分 ▶ 西武多摩湖線 武蔵大和駅

お花見スポットとしても有名な狭山公園

豊かに水をたたえる多摩湖と、その周辺に点在する狭山丘陵の雑木林を生かした公園をめぐる。

西武遊園地駅の階段を上り、耐震工事が行なわれている多摩湖堰堤の左側から狭山公園に入る。やけべ池の脇にある歩道橋で工事用道路を横断し、斜面を登って堰堤の基部に出ると、古い取水塔のある多摩湖の湖面が眺められる。

しばらく多摩湖自転車道を歩くが、多摩湖は豊かな雑木林にさえぎられ、ほとんど見えない。左にフィールドアスレチックを見たら、まもなく狭山緑地入口。八幡神社まで林間の遊歩道を歩く。八幡神社の鳥居から幼稚園の前を過ぎると、芝生の向こうに郷土博物館の屋上展望台がある。

館内展示も見たら、住宅地を雲性寺へ。お参りしたら広い道に出て坂を上り、天理教の教会前から二ツ池公園を通って東大和公園に入る。案内板を参考に進むと、円乗院の石地蔵に迎えられる。

円乗院の鐘楼門をくぐって車道に出たら左へ下り、狭山神社へ。狭山神社の左手の観音堂も見ていこう。そのまま進むと上り坂になるので、坂の手前で右折し、武蔵大和駅をめざそう。

四季の彩り

お花見の名所、狭山公園とその周辺では、約1000本あるといわれる桜が4月上旬には見ごろとなる。5月にはツツジやヤマボウシが咲く。また、狭山緑地　東大和緑地の芽吹きと新緑も美しい。

狭山緑地や東大和公園の雑木林にはヤマユリが咲き、蝉時雨のなか、子どもたちが昆虫採集に熱中する。

11月ごろ、多摩湖畔の紅葉が湖面に映えて美しい。空気も澄んで堰堤上からは富士山が見える日も多い。

カモ類・カンムリカイツブリなど多摩湖にはさまざまな野鳥が飛来し、バードウオッチングを楽しめる。

40 多摩湖から狭山緑地

埼玉県
所沢市
多摩湖町三丁目
せいぶゆうえんち
西武園遊園地
北川
東村山市
多摩湖町二丁目
0
500m
休憩所
氷川神社
西武多摩湖線
赤坂道
管理事務所
西武球場前へ
トチノキ林
太陽広場
狭山公園
むさしやまと
秋山へ
耐震工事のため
2009年3月まで
立入禁止
野鳥の森
やけベ池
古い園路に沿った
仮設の園路
歩道橋を越える
太い園路も
立入禁止区域に
含まれる
東大和
郷土美術園
前川
都狭山
青年の家
清水公園
取水塔
多摩湖
都水道局
研修所
清水一丁目
手打ち
うどん庵
やまと苑
狭山二丁目
狭山神社
狭山一丁目
多摩湖四丁目
霊性庵観音堂
公民館
円乗院
多摩湖
(村山貯水池)
多摩湖自転車道
多摩湖通り
狭山三丁目
高木
一丁目
高木二丁目
湖畔一丁目
東大和公園
塩釜神社
湖畔三丁目
東大和市
都水道局
浄水所
奈良橋川
二ツ池公園
湖畔二丁目
天理教
空丸分教会
奈良橋
二丁目
奈良橋三丁目
多摩湖病院
奈良橋川
多摩湖五丁目
新青梅街道へ
青梅街道
青梅街道
フィールド
アスレチック
雲性寺
奈良橋一丁目
東大和市立
郷土博物館
狭山緑地
八幡神社
大和八幡
幼稚園
奈良橋四丁目
管理事務所
八幡神社
郷土博物館入口
八幡通り
蔵敷へ

狭山公園

多摩湖下湖の堰堤東側に広がり、宅部（やけべ）池や太陽広場などが雑木林のなかに整備されている。トチノキとトウカエデの林では日本離れした雰囲気も楽しめる。桜の名所で、ヤマザクラ、サトザクラがソメイヨシノに混じり、雑木林の芽吹きと相まって春の彩りはみごと。ダムの耐震強化工事のため、一部区域は2009年春まで立入禁止となっている。

多摩湖

村山貯水池とも呼ばれる。上下２つに分かれ、上湖は大正14年、下湖は昭和３年に完成。多摩川の水は、ここに貯められ境浄水場へ。周囲は雑木林に囲まれ、サイクリングコースが整備されている。以前歩行できた堤体の上は、耐震強化工事のため2009年春まで立入禁止。

狭山緑地

狭山丘陵の雑木林を生かし、遊歩道や休憩広場、フィールドアスレチックなどを整備した緑地。北側を多摩湖自転車道が通る。

東大和市立郷土博物館

雑木林におおわれた狭山丘陵の自然と、そこに暮らしてきた人間たちの生活を展示。開館９～17時、月曜（祝・休日の場合は翌日）・祝日の翌日（土・日曜の場合は翌週火曜）・年末年始休、☎042(567)4800

雲性寺

狭山三十三観音霊場の第十八番札所で、永享11年（1439）の創建と伝わる古寺。山門は箱根本陣から昭和26年に移築されたもの。山門の下には新青梅街道の拡幅の際に移転してきた庚申塚や馬頭観音などが安置されている。

東大和公園

狭山丘陵の自然林をそのまま生かした公園。整備は遊歩道など最小限にとどめ、丘陵地の地形や豊かな植生がそっくり残されている。

7 円乗院

山号は愛宕山、本尊は不動明王で、錐鑽（きりもみ）不動尊と呼ばれる。鎌倉時代の板碑が伝わる古寺で、門の上に鐘がある鐘楼門は寛延２年（1749）建立。花木が植えられた庭にも石仏が点在する。

狭山神社

古くは天狗神社もしくは天狗社と呼ばれたが、大正12年、湖底に沈む御霊神社と合祀して狭山神社となった。社殿は明治21年の再建だが、石灯籠には嘉永７年（1854）の銘がある。

JOY グルメスポット

多摩北部地域には、うどんのおいしい店が多い。武蔵大和駅の近くでおすすめなのは、手打ちうどん庵（いおり）☎042(563)6385。もり600円、ざる650円、梅しぐれ850円（写真）など、しこしことした食感が楽しめる冷たいうどんのほか、鴨南ばんうどん750円など温かいうどんも各種ある。あげたての天ぷらもかき揚げ150円と手ごろ。牛つけ汁、カレーつけ汁など、温かい汁につけて食べるつけ汁うどんも好評だ。待たずに茹でたてを食べられるよう、電話で予約できる。持ち帰り用のお土産うどん（つゆ付）は600円。

41

桜で名高い玉川上水の源を訪ねる

まいまいず井戸から羽村取水堰

所要時間　約2時間	
JR青梅線羽村駅	
▶	徒歩5分
1 まいまいず井戸	
▶	徒歩14分
2 禅林寺	
▶	徒歩5分
3 羽村堰下橋	
▶	徒歩11分
4 羽村市郷土博物館	
▶	徒歩21分
5 草花丘陵自然公園桜堤	
▶	徒歩11分
6 羽村取水堰	
▶	徒歩21分
7 阿蘇神社	
▶	徒歩6分
8 一峰院	
▶	徒歩15分
9 玉川水神社	
▶	徒歩12分
JR青梅線羽村駅	

ゆるやかな弧を描いて段差が並ぶ羽村取水堰

まずは、羽村駅東口近くのまいまいず井戸に寄り道してから、西口へ。坂道を上り、禅林寺で未完の長編小説『大菩薩《だいぼさつ》峠』の著者、中里介山《かいざん》の五輪塔の墓を見て、玉川上水羽村橋に出る。都心の上水からは想像できないほど豊かな水量だ。さらに人道橋の羽村堰下《せきした》橋で多摩川を渡る。上流側には羽村の堰、下流側には羽村大橋、眼下には清流。

レンガ造りの羽村市浄水場

自然の河川敷が残る川沿いに進むと、山のふもとに羽村市郷土博物館がある。羽村橋までもどり、草花丘陵自然公園の桜堤を上水沿いに歩く。調整タンクをすぎると羽村取水堰で、かたわらには玉川上水を築いた玉川兄弟の像がある。

多摩川沿いの堤防を上流に進み、平将門由来の阿蘇神社をめざす。一峰院の鐘楼門の前には、のどかな田園風景が広がり、春にはチューリップやボタン、夏にはスイレンや大賀《おおが》ハスが彩る。堰に隣接する玉川水神社に参り、昔の陣屋門、現在の都水道局管理事務所をすぎる。多摩川を離れて、出発点の羽村駅をめざす。

四季の彩り

4月初旬、上水沿いの桜堤はお花見で大にぎわい。4月第2土・日曜日の「さくらまつり」には市内の神社から山車や御輿が繰り出す。勇壮な八雲神社の御輿の川入りはみもの。根搦前田園では4月上旬～下旬にチューリップ、5月いっぱいはシャクヤクが咲く。

根搦前田園にスイレンの花が浮かぶ。7月最終土・日曜の夏祭りには、駅前周辺で人波踊りやサンバ踊り。

10月になると、多摩川に沿ってカワラノギクが咲く。

多摩川でコガモ、ホオジロ、カワセミなどのバードウオッチングができる。1月15日には羽村堰下にある宮の下運動公園で、伝統行事どんど焼きを開催。

41 まいまいず井戸から羽村取水堰

1

まいまいず井戸

東京都指定史跡。水場までつづく渦巻状の通路がカタツムリに似ていることが名の由来。崩れやすい砂礫層を掘り下げる技術がなく、水が得られる部分まですり鉢状に掘ったもの。羽村の取水堰とともに見のがせない場所。

禅林寺

臨済宗建長寺派の寺院。東谷山の扁額をかかげる鏡天井裏に描かれた火災除けの龍の水墨画は、雨乞いの龍と呼ばれる。裏手のぼんのう坂を上ると、世界でも最長の小説といわれる『大菩薩峠』の作者、中里介山の眠る墓地がある。

2

多摩川を渡る唯一の歩道橋で、ここからの多摩川と取水堰の眺めは爽快。手前の羽村橋は玉川上水を渡る最初の橋。玉川上水の桜の写真は、ほとんどがこの場所から撮影したものといわれるほど、景観がよい。

3

羽村堰下橋

羽村市郷土博物館

昭和60年に開館し、羽村の自然や歴史・文化について展示。玉川上水、中里介山に関する資料も一般公開されている。野外には養蚕農家旧下田家住宅、以前の大菩薩峠記念館の赤門、中庭横の高台に八王子千人同心屋敷門の田中家長屋門がある。開館9〜18時(10〜3月は〜17時)、月曜・年末年始休、☎042(558)2561

4

5

草花丘陵自然公園桜堤

大澄山、浅間岳、満地峠など、多摩川西岸沿いに帯状に展開する標高200〜300mの丘陵を草花丘陵と呼ぶ。東京都が指定する6カ所の自然公園のひとつに数えられ、この上水沿いの桜堤も公園に含まれる。

6

羽村取水堰

羽村から四谷大木戸までの約42kmを7カ月という短期間で完成した玉川上水は、江戸100万人の生活を支えた貴重な水源。武蔵野台地の開墾にも重要な役割を果たしてきた。この上水を拓いた玉川兄弟は、その功績によって苗字を与えられたという。

阿蘇神社

601年創建と伝えられる。承平3年(933)に平将門が社殿を建てたといわれ、市内でもっとも歴史の古い神社。境内の樹齢1000年といわれるシイの木は、平将門を討った藤原秀郷により、将門の霊を鎮めるために植えられたという伝説が残る。東京都指定天然記念物。

7

8

一峰院

根搦前（ねがらみまえ）の田園地帯に位置する臨済宗建長寺派の寺院。鎌倉時代に現在の青梅市に勝沼城を構えた三田氏ゆかりの史跡。江戸時代の宮大工、小林播磨(藤馬)の手がけた鐘楼門が参拝者を迎える。

JOY グルメスポット

桜のシーズンに限らず寄りたい店が御菓子司山田屋（写真右）☎042(554)2161。栗むし羊羹風の羽村の堰787円、栗入りのまいまいず1260円はおみやげにも好適。市役所通りの手打ちそば一作☎042(555)4451は、うどんも手打ち。笹入りの笹切りうどん(写真左)は、翡翠色のもちもちした細目の麺と天ぷらがセットで950円。水曜休。

玉川水神社

9

玉川兄弟が管理に就いた陣屋跡に隣接する神社。多摩川の源流は奥秩父笠取山の水干（みずひ）と呼ばれる場所だが、かたわらの小さな祠が水神社で、ここ玉川水神社の奥宮になっている。

埼京線
新庚申塚
京浜東北線
埼玉高速鉄道
赤羽岩淵
王子駅前
志茂
王子神谷
王子
西高島平
新高島平
高島平
西台
蓮根
志村三丁目
志村坂上
本蓮沼
板橋本町
板橋区役所前
新板橋
西巣鴨
三田線
和光市
東武東上線
板橋
西ヶ原
光が丘
地下鉄成増
地下鉄赤塚
大塚駅前
練馬春日町
平和台
有楽町線（新線）
大塚
巣鴨
駒込
豊島園
氷川台
小竹向原
池袋
千石
本駒込
西武池袋線
練馬
西武有楽町線
千川
要町
東池袋
東池袋四丁目
早稲田
護国寺
新大塚
丸ノ内線
白山
東大前
新江古田
落合南長崎
西武池袋線
目白
有楽町線
茗荷谷
南北線
中井
西武新宿線
早稲田
江戸川橋
春日
高田馬場
落合
新大久保
神楽坂
荻窪
中野
東中野
平成19年度開通予定
13号線
若松河田
牛込柳町
後楽園
飯田橋
水道橋
南阿佐ヶ谷
新中野
西新宿
新宿西口
東新宿
牛込神楽坂
大江戸線
中野坂上
西武新宿
新高円寺
新宿線
曙橋
市ヶ谷
九段下
半蔵門線
東高円寺
新宿
新宿三丁目
都庁前
丸ノ内線
四谷三丁目
東西線
方南町
中野富士見町
中野新橋
西新宿五丁目
新宿御苑前
麹町
半蔵門
代々木
千駄ヶ谷
信濃町
四ッ谷
竹橋
永田町
有楽町線
国立競技場
京王線
桜田門
原宿
青山一丁目
赤坂見附
国会議事堂前
丸ノ内線
明治神宮前
下高井戸
明大前
千代田線
代々木上原
代々木公園
表参道
外苑前
霞ヶ関
下北沢
赤坂
溜池山王
小田急線
東急世田谷線
京王井の頭線
乃木坂
虎ノ門
三田線
内幸
渋谷
六本木一丁目
東急田園都市線
二子玉川
三軒茶屋
神谷町
六本木
東急東横線
日比谷線
広尾
赤羽橋
御成門
大門
東急大井町線
芝公園
大江戸線
中目黒
恵比寿
麻布十番
浜松町
三田
自由が丘
田町
南北線
白金高輪
白金台
東京モノレール
東急東横線
多摩川
田園調布
東急目黒線
大岡山
泉岳寺
目黒
浅草線
高輪台
五反田
大崎
品川
東急多摩川線
東急池上線
旗の台
天王洲ア
戸越
中延
大井町
西馬込
馬込
京浜急行線

東京地下鉄路線図
都営線
浅草線
三田線
新宿線
大江戸線
東京メトロ線
銀座線
丸ノ内線
日比谷線
東西線
千代田線
有楽町線
有楽町線(新線)
半蔵門線
南北線
六町
北綾瀬
青井
東武伊勢崎線
つくばエクスプレス
都電荒川線
千代田線
北千住
綾瀬
金町
常磐線
京成線
京成金町線
京成高砂
北総鉄道線
町屋
町屋駅前
三ノ輪橋
田端
南千住
西日暮里
曳舟
三ノ輪
青砥
京成線
日暮里
入谷
日比谷線
稲荷町
田原町
浅草
業平橋
押上
東武亀戸線
京成八幡
武蔵野線
鶯谷
京成上野
千駄木
上野
銀座線
浅草
本所吾妻橋
本八幡
西船橋
総武線
根津
新御徒町
上野御徒町
亀戸
京葉線
湯島
上野広小路
御徒町
仲御徒町
蔵前
錦糸町
総武線
新宿線
原木中山
南船橋
お茶ノ水
末広町
秋葉原
浅草橋
両国
篠崎
新御茶ノ水
岩本町
瑞江
妙典
神保町
小川町
馬喰町
東日本橋
大江戸線
一之江
市川塩浜
行徳
東西線
淡路町
神田
新日本橋
馬喰横山
半蔵門線
船堀
武蔵野線・京葉線
小伝馬町
浜町
南行徳
東大島
大手町
三越前
人形町
水天宮前
森下
菊川
大島
浦安
二重橋前
東京
日本橋
茅場町
清澄白河
住吉
西大島
有楽町
浅草線
葛西
八丁堀
門前仲町
日比谷
京橋
宝町
木場
東陽町
南砂町
西葛西
銀座一丁目
銀座
新富町
月島
豊洲
舞浜
東銀座
築地
辰巳
新木場
銀座線
新橋
国際展示場
ゆりかもめ延伸予定
勝どき
有明
ディズニーリゾートライン
築地市場
汐留
ゆりかもめ
りんかい線

東京の歳時記

1月

ボロ市

1日●初詣で　人出の数字からいえば明治神宮(渋谷区)、浅草寺(台東区)。
1〜7日●七福神巡り　谷中、下谷、隅田川、日本橋、深川、青梅、八王子などで。
2〜3日●だるま市　拝島大師(昭島市)　本格的なだるま市の一番手。
6日●消防出初め式　晴海ふ頭(中央区)　はしご乗りや消防庁によるパレード。
7日●七草お火焚祭り　愛宕神社(港区)　参拝者に七草粥がふるまわれる。向島百花園(墨田区)でも、春の七草の展示、七草粥の会。
12日●だるま市(青梅市)
15〜16日●ボロ市　ボロ市通り(世田谷区)　代官餅の販売。
24〜25日●うそかえ神事　亀戸天神(江東区)　木彫りのウソを前年のものと交換。

2月

節分●年男、年女の有名人を招いて盛大に豆まきを行なうのは浅草寺(台東区)、増上寺(港区)、神田明神(千代田区)、大国魂神社(府中市)、高幡不動(日野市)など。
初午●初午祭　王子稲荷神社(北区)では凧市がたつ。
8日●針供養　新宿の正受院、浅草寺境内の淡島堂では盛大に供養が行なわれる。
中旬〜下旬●梅まつり　百花に先がけて咲くという梅。湯島天神(文京区)で梅まつりが開催されるほか、小石川後楽園(文京区)、皇居東御苑(千代田区)、新宿御苑(新宿区)、池上梅園(大田区)、都下では百草園(日野市)、井の頭公園(武蔵野市)、神代植物公園(調布市)、小金井公園(小金井市)などが梅の見どころ。
13日●田遊び　諏訪神社(板橋区)　五穀豊穣と子孫繁栄を祈る。

3月

3〜4日だるま市●深大寺(調布市)　江戸時代から続く有名な春市のひとつ。
中旬●観梅市民まつり　吉野梅郷(青梅市)　上旬〜下旬に2万5000本の梅が咲く。
25日●たいまつ祭　亀戸天満宮(江東区)
27〜28日●千体荒神まつり　海雲寺(品川区)　千体荒神の祭礼、釜おこしを売る。
下旬〜4月中旬●さくらまつり　都内では隅田公園(台東区)、上野公園(台東区)、都下では小金井公園(小金井市)、多磨霊園(府中市)などが桜の名所として有名。

4月

8日●花まつり　増上寺(港区)、浅草寺(台東区)では甘茶の接待があり、護国寺(文京区)では大名・稚児行列が、池上本門寺(大田区)では白象パレードがある。
21日●弘法大師御開帳法会　長命寺(練馬区)　奥の院を開放。稚児行列も行なわれる。
25日〜5月5日●植木市　池上本門寺(大田区)　都内でも有数の規模。
第4日曜日●孔子祭　湯島聖堂(文京区)　古式豊かな祭典と書道展。
中旬〜5月上旬●文京つつじまつり　根津神社(文京区)

5月

2〜3日●住吉神社青梅大祭　住吉神社(青梅市)　各町内から12台の山車が繰り出す。
3〜5日●つつじ祭　大宮八幡宮(杉並区)
4月30日〜5月6日●くらやみ祭り　大国魂神社(府中市)　5日は巨大な太鼓と神楽が出る。別名けんか祭り。
5日●例大祭　水天宮(中央区)
中旬●神田祭り　神田明神(千代田区)　三社祭り、山王祭りとともに江戸三大祭りに数えられる。若衆がかつぐ千貫神輿が圧巻。1年おきに行なわれる。
18日に近い土曜・日曜●三社祭　浅草神社(台東区)　雷門通りには町内氏子の100基の神輿が集まる。芸者衆の手古舞い、吉原のおいらん道中なども見もの。
24日●とげぬき地蔵大祭　高岩寺(豊島区)　毎月4・14・24が縁日。
28日・29日●お富士様の植木市　浅間神社(台東区)　数百軒の植木市が立つ。

くらやみ祭り

6月

10〜16日●山王まつり　日枝神社(千代田区)　江戸三大祭りのひとつ。
第2日曜日●鳥越神社大祭　鳥越神社(台東区)　鳥越の夜まつりともいわれる。
中旬●文京あじさいまつり　白山神社(文京区)
23〜24日●千日詣り(ほおずき市)　愛宕神社(港区)

東京各地で見られる主な行事です。開催日は年によって変更になることがあります。

東京の歳時記

7月

6〜8日●入谷朝顔市　入谷鬼子母神(台東区)
9〜10日●ほおずき市　浅草寺(台東区)
13〜15日●佃盆踊り　佃島(中央区)　昔ながらの形で受け継がれている佃盆踊り。
20日●すもも市　大国魂神社(府中市)　境内いっぱいにスモモを売る店が並ぶ。
30〜31日●だんご祭り　浅間神社(八王子市)　ダンゴや水アメなどの露店が並ぶ。
最終土曜●隅田川花火大会(墨田区)
中旬〜8月上旬●うえの夏まつり　不忍池畔(台東区)
下旬●ほたる祭り　等々力不動尊(世田谷区)

すもも祭り

8月

1〜31日●円朝まつり　全生庵(台東区)に円朝コレクションの幽霊画を展示。
6・7日●住吉神社例祭　佃島(中央区)　3年に1度の大祭には八角神輿が出る。
上旬●七夕まつり　阿佐谷パールセンター(杉並区)　七夕飾りが商店街を飾る。
上旬●せともの市　日本橋人形町(中央区)
15日前後●深川八幡祭り　富岡八幡宮(江東区)
中旬●東京湾大華火祭　晴海ふ頭、晴海ふ頭公園(中央区)
26〜28日●高円寺阿波踊り　高円寺駅前(杉並区)
下旬●浅草サンバカーニバル　浅草寺周辺(台東区)

9月

上旬　葛西神社例大祭●葛西神社(葛飾区)　郷土芸能の神楽、葛西囃子が奉納される。
11〜21日●だらだら祭り　芝大神宮(港区)　祭りの期間が長いのが、祭り名の由来。
15日●例大祭　大宮八幡宮(杉並区)
15日●箭幹八幡祭　箭幹八幡社(町田市)　町田街道を御輿が練り歩く。
19日●氷川神社大祭　八雲氷川神社(目黒区)　珍しい神楽、剣の舞の奉納。
21日に近い土・日曜日●根津権現まつり　根津神社(文京区)　江戸三大天下祭
29日に近い日曜日●春日神社祭礼(日の出町)　豊作、疫病退散を祈る鳳凰の舞。都無形民俗文化財

10月

1日●都民の日(大東京祭り)
第1日曜日●江古田獅子舞　江古田氷川神社(中野区)
10日●高田馬場流鏑馬　戸山公園(新宿区)で穴八幡宮のやぶさめ神事が行なわれる。
11〜13日●お会式　池上本門寺(大田区)　日蓮上人命日の法要。12日夜、万灯練り行列。
12〜13日●お会式　妙法寺(杉並区)　日蓮上人の命日の法要。万灯練り供養を行なう。
中旬の土・日曜日●谷中菊まつり　大円寺(台東区)
第3日曜日●木場の角乗り　木場公園(江東区)　江東区民まつりの呼びものとして人気。
19〜20日●べったら市　宝田恵比寿神社(中央区)

11月

1〜3日●秋の大祭　明治神宮(渋谷区)　古典芸能、古武道が奉納される。
10月28日〜15日●菊まつり　高幡不動(日野市)
10月下旬〜11月20日前後●菊花大会　神代植物公園(調布市)
3日●東京時代祭り　浅草(台東区)　浅草寺では白鷺の舞が奉納される。
上旬●くにたち秋の市民まつり　大学通り(国立市)
酉の日●酉の市　鷲神社(台東区)、花園神社(新宿区)、鷲神社(足立区)、大鳥神社(目黒区)、大鳥神社(八王子市)などの境内に開運の熊手を売る市が立つ。
23日●一葉忌　一葉記念館(台東区)、法真寺(文京区)

酉の市

12月

6日●王子熊手市　王子神社(北区)
14日●義士祭　泉岳寺(港区)、松坂町公園(墨田区)
15〜16日●ボロ市　ボロ市通り(世田谷区)　代官屋敷の門も開く。
17〜19日●羽子板市　浅草寺(台東区)　羽子板や正月用品を売る店が並ぶ。
21日●納めの大師　西新井大師(足立区)　熊手などを売る露店が並ぶ。
25日●納めの天神　亀戸天神(江東区)、湯島天神(文京区)
28日●納めの不動　深川不動(江東区)、目黒不動(目黒区)、高幡不動(日野市)
30〜31日●みそか市　大国魂神社(府中市)　武蔵野唯一のみそか市として有名。
31日●除夜の鐘　寛永寺(台東区)、増上寺(港区)などでは鐘を撞かせてくれる。

東京さわやか散歩／駅索引

あ
赤坂見附(あかさかみつけ)……24①，8②
赤羽(あかばね)……72②
浅草(あさくさ)……56①
綾瀬(あやせ)……84①
新井薬師(あらいやくし)……96①
荒川区役所前(あらかわくやくしょまえ)……44②
荒川車庫前(あらかわしゃこまえ)……44②
飯田橋(いいだばし)……36①
井荻(いおぎ)……88②
池上(いけがみ)……112①
和泉多摩川(いずみたまがわ)……128②
板橋(いたばし)……76②
井の頭公園(いのかしらこうえん)……128①
上野(うえの)……52①
梅ヶ丘(うめがおか)……112②
江古田(えこだ)……84②
恵比寿(えびす)……20①，100②，104②
王子(おうじ)……44①
大崎(おおさき)……96②
大手町(おおてまち)……12②
大森(おおもり)……112①
荻窪(おぎくぼ)……100①
小田急多摩センター(おだきゅうたませんたー)……148②
小田急永山(おだきゅうながやま)……148②
表参道(おもてさんどう)……24①

か
外苑前(がいえんまえ)……28①
葛西臨海公園(かさいりんかいこうえん)……72①
金町(かなまち)……80①
上井草(かみいぐさ)……92①
上中里(かみなかざと)……40①
上野毛(かみのげ)……116①
亀有(かめあり)……84①，68②
亀戸(かめいど)……60②
北千住(きたせんじゅ)……48②
吉祥寺(きちじょうじ)……120②
木場(きば)……64②
錦糸町(きんしちょう)……60②
錦糸町(きんしちょう)……64②
九段下(くだんした)……8①，8②
国立(くにたち)……140①
久品仏(くほんぶつ)……116①
京王片倉(けいおうかたくら)……156①
京王多摩センター(けいおうたませんたー)……148②
京王永山(けいおうながやま)……148②
京成高砂(けいせいたかさご)……76①
京成曳舟(けいせいひきふね)……56②
国分寺(こくぶんじ)……136①，124②
駒場東大前(こまばとうだいまえ)……104①，104②

さ
桜新町(さくらしんまち)……116②
三軒茶屋(さんげんぢゃや)……112②
芝浦ふ頭(しばうらふとう)……16①
柴崎(しばさき)……144①
柴又(しばまた)……76①
志村三丁目(しむらさんちょうめ)……72②
白金高輪(しろかねたかなわ)……96②，100②
新御徒町(しんおかちまち)……40②
新木場(しんきば)……68①
新宿(しんじゅく)……28①，32①
神泉(しんせん)……104①
神保町(じんぼうちょう)……20②
水道橋(すいどうばし)……24②
巣鴨(すがも)……40①
成城学園前(せいじょうがくえんまえ)……120①
聖蹟桜ヶ丘(せいせきさくらがおか)……152①
西武遊園地(せいぶゆうえんち)……164①
仙川(せんがわ)……128②
千駄ヶ谷(せんだがや)……108②

た
台場海浜公園(だいばかいひんこうえん)……16①
大門(だいもん)……16②
高田馬場(たかだのばば)……28②
鷹の台(たかのだい)……160②
高幡不動(たかはたふどう)……152①，140②
立川(たちかわ)……136②
辰巳(たつみ)……68①
多磨(たま)……148①
玉川上水(たまがわじょうすい)……160②
多摩センター(たませんたー)……148②
千歳烏山(ちとせからすやま)……124①
月島(つきしま)……12①
東京(とうきょう)……8①
豊島園(としまえん)……80②

な
中野(なかの)……96①
中村橋(なかむらばし)……80②
西新井(にしあらい)……52②
西永福(にしえいふく)……100①
西荻窪(にしおぎくぼ)……88②
西葛西(にしかさい)……72①
西国立(にしくにたち)……140①，136②
西国分寺(にしこくぶんじ)……136①
西高島平(にしたかしまだいら)……88①
西日暮里(にしにっぽり)……48①
日暮里(にっぽり)……48，36②
人形町(にんぎょうちょう)……64①
沼袋(ぬまぶくろ)……84②
練馬高野台(ねりまたかのだい)……92①

は
白山(はくさん)……36①
八王子(はちおうじ)……144②
浜松町(はままつちょう)……12①
羽村(はむら)……168①
原宿(はらじゅく)……32①
東池袋(ひがしいけぶくろ)……32②
東久留米(ひがしくるめ)……152②
東伏見(ひがしふしみ)……120②
東向島(ひがしむこうじま)……56②
東村山(ひがしむらやま)……156②
光が丘(ひかりがおか)……88①
日野(ひの)……140②
二俣尾(ふたまたお)……168②
府中(ふちゅう)……132②
分倍河原(ぶばいがわら)……132②
堀切菖蒲園(ほりきりしょうぶえん)……68②

ま
三鷹(みたか)……128①
南大沢(みなみおおさわ)……156①
南千住(みなみせんじゅ)……48②
三ノ輪(みのわ)……36②
宮ノ平(みやのひら)……168②
武蔵小金井(むさしこがねい)……124②
武蔵小山(むさしこやま)……108①
武蔵境(むさしさかい)……132①
武蔵大和(むさしやまと)……164①
目黒(めぐろ)……108①
目白(めじろ)……28②，32②
めじろ台(めじろだい)……144②
門前仲町(もんぜんなかちょう)……64①

や
有楽町(ゆうらくちょう)……12②
湯島(ゆしま)……20②，24②
用賀(ようが)……116②
代々木公園(よよぎこうえん)……108②
代々木八幡(よよぎはちまん)……108②

ら
両国(りょうごく)……60①
芦花公園(ろかこうえん)……124①
六本木(ろっぽんぎ)……20①
六本木一丁目(ろっぽんぎいっちょうめ)……16②

ページあとの丸数字は「新版東京さわやか散歩」①～②の巻数を示しています。

新版東京さわやか散歩①②／共通索引

＊ここでは『新版東京さわやか散歩』①と②で紹介している主なスポットを採り上げています。ページあとの丸数字は「新版東京さわやか散歩」①〜②の巻数を示しています。

〈あ〉

アークヒルズ(あーくひるず)……19②
藍染博物館(あいぞめはくぶつかん)……58②
青渭神社(あおいじんじゃ)……146①
青木昆陽墓(あおきこんようはか)……110①
青柳段丘(あおやぎだんきゅう)……138②
青山霊園(都立)(あおやまれいえん)……26①
赤坂トンネル(あかさかとんねる)……166②
赤塚植物園(板橋区立)(あかつかしょくぶつえん)……90①
曙水門(あけぼのすいもん)……70①
浅草公会堂(あさくさこうかいどう)……58①
浅草神社(あさくさじんじゃ)……58①
朝倉彫塑館(あさくらちょうそかん)……51①
麻布十番温泉(あざぶじゅうばんおんせん)……22①
飛鳥山公園(あすかやまこうえん)……46①
飛鳥山博物館(あすかやまはくぶつかん)……46①
小豆沢神社(あずさわじんじゃ)……74②
阿蘇神社(あそじんじゃ)……171①
愛宕神社(あたごじんじゃ)……19②
足立区立郷土博物館
(あだちくりつきょうどはくぶつかん)……87①
穴八幡宮(あなはちまんぐう)……30②
甘酒横町(あまざけよこちょう)……67①
新井薬師(あらいやくし)……98①
新井薬師公園(あらいやくしこうえん)……98①
荒川公園(あらかわこうえん)……46②
荒川自然公園(あらかわしぜんこうえん)……46②
荒川ふるさと文化館(あらかわふるさとぶんかかん)……50②
あらかわ遊園(あらかわゆうえん)……47②
有栖川宮記念公園
(ありすがわのみやきねんこうえん)……22①
アルカタワーズ錦糸町
(あるかたわーずきんしちょう)……63②
医王寺(いおうじ)……79①
井草八幡宮(いぐさはちまんぐう)……90②
池上会館(いけがみかいかん)……114①
池波正太郎記念文庫
(いけなみしょうたろうきねんぶんこ)……42②
伊豆美神社(いずみじんじゃ)……131②
板橋(いたばし)……79②
板橋区立赤塚植物園
(いたばしくりつあかつかしょくぶつえん)……90①
板橋区立郷土資料館
(いたばしくりつきょうどしりょうかん)……90①
板橋区立美術館(いたばしくりつびじゅつかん)……90①
板橋宿本陣跡(いたばしじゅくほんじんあと)……78②
一ノ宮渡し跡(いちのみやわたしあと)……154①
一葉記念館(いちようきねんかん)……38②
一峰院(いっぽういん)……171①
犬屋敷跡の碑(いぬやしきあとのひ)……98①
井上源三郎資料館
(いのうえげんざぶろうっしりょうかん)……142②
井の頭恩賜公園(都立)
(いのかしらおんしこうえん)……130①
井の頭自然文化園(都立)
(いのかしらしぜんぶんかえん)……131①
井堀北公園(いほりきたこうえん)……54②
入谷鬼子母神(いりやきしもじん)……39②
上野東照宮(うえのとうしょうぐう)……55①
上野動物園(都立)(うえのどうぶつえん)……55①
浮世絵太田記念美術館
(うきよえおおたきねんびじゅつかん)……110②
雲性寺(うんしょうじ)……167①
永安寺(えいあんじ)……123①
回向院(えこういん)……荒川区50②
回向院(えこういん)……墨田区63①
江戸小紋博物館(えどこもんはくぶつかん)……58②
江戸城天守閣跡(えどじょうてんしゅかくあと)……10①
江戸東京たてもの園
(えどとうきょうたてものえん)……135①
江戸東京博物館(えどとうきょうはくぶつかん)……62①
ＮＨＫ放送センター
(えぬえいちけいほうそうせんたー)……111②
ＮＨＫ放送博物館
(えぬえいちけいほうそうはくぶつかん)……18②
恵比寿ガーデンプレイス
(えびすがーでんぷれいす)……23①103②
恵比寿神社(えびすじんじゃ)……106②
縁切榎(えんきりえのき)……79②
演劇博物館(えんげきはくぶつかん)……30②
円乗院(えんじょういん)……167①
延命寺(えんめいじ)……板橋区75②
延命寺(えんめいじ)……青梅市175①
王子稲荷神社(おうじいなりじんじゃ)……47①
王子神社(おうじじんじゃ)……47①
青梅きもの博物館(おうめきものはくぶつかん)……171②
青梅市梅の公園(おうめしうめのこうえん)……170②
大井の水神社(おおいのすいじんじゃ)……95②
大井ふ頭中央海浜公園(都立)
(おおいふとうちゅうおうかいひんこうえん)……94②
大国魂神社(おおくにたまじんじゃ)……134②
大倉集古館(おおくらしゅうこかん)……19②
大田区立郷土博物館
(おおたくりつきょうどはくぶつかん)……115①
大田黒記念公園(おおたぐろきねんこうえん)……102①
大塚山公園(おおつかやまこうえん)……159①
大手門(おおてもん)……10①
大鳥神社(おおとりじんじゃ)……110①
鷲神社(おおとりじんじゃ)……38②
大橋公園(おおはしこうえん)……50②

大宮遺跡の碑（おおみやいせきのひ）……103①
大宮八幡宮（おおみやはちまんぐう）……103①
大森遺跡庭園（おおもりいせきていえん）……95②
大谷田公園（おおやだこうえん）……87①
大山道標（おおやまどうひょう）……114②
大横川親水公園（おおよこがわしんすいこうえん）……63②
岡倉天心記念公園
（おかくらてんしんきねんこうえん）……51①
岡本公園民家園（おかもとこうえんみんかえん）……123①
岡本太郎記念館（おかもとたろうきねんかん）……26①
尾久の原公園（都立）（おぐのはらこうえん）……46②
おさかな普及センター資料館
（おさかなふきゅうせんたーしりょうかん）……15①
お台場海浜公園（おだいばかいひんこうえん）……18①
お鷹の道（おたかのみち）……139①
落合川いこいの水辺（おちあいがわいこいのみずべ）……155②
音無親水公園（おとなししんすいこうえん）……46①
小野神社（おのじんじゃ）……154①
小野照崎神社（おのてるさきじんじゃ）……39②
オルゴールの小さな博物館
（おるごーるのちいさなはくぶつかん）……34②

〈か〉

海禅寺（かいぜんじ）……171②
貝取山緑地（かいとりやまりょくち）……150②
科学技術館（かがくぎじゅつかん）……11①
科学と自然の散歩みち（かがくとしぜんのさんぽみち）……91②
加賀公園（かがこうえん）……79②
学習院大学史料館
（がくしゅういんだいがくしりょうかん）……35②
学田公園（がくでんこうえん）……83②
覚林寺（かくりんじ）……102②
葛西海浜公園（かさいかいひんこうえん）……74①
葛西用水親水水路（かさいようすいしんすいすいろ）……87①
葛西臨海水族園（かさいりんかいすいぞくえん）……74①
糟嶺神社（かすみねじんじゃ）……130②
片倉城跡公園（かたくらじょうせきこうえん）……159①
勝鬨橋（かちどきばし）……15①
葛飾区教育資料館（かつしかくきょういくしりょうかん）……83①
葛飾区郷土と天文の博物館
（かつしかくきょうどとてんもんのはくぶつかん）……71②
合羽橋道具街（かっぱばしどうぐがい）……42②
香取神社（かとりじんじゃ）……62②
兜塚古墳（かぶとづかこふん）……131②
鎌倉井戸（かまくらいど）……163①
上千葉砂原公園（かみちばすなはらこうえん）……71②
雷門（かみなりもん）……58①
上野毛自然公園（かみのげしぜんこうえん）……119①
紙の博物館（かみのはくぶつかん）……46①
神谷町緑道（かみやちょうりょくどう）……19②
亀戸中央公園（都立）（かめいどちゅうおうこうえん）……62②
亀戸天神社（かめいどてんじんしゃ）……63②
唐澤博物館（からさわはくぶつかん）……86②
烏山寺町（からすやまてらまち）……126・127①
寛永寺（かんえいじ）……50①
観泉寺（かんせんじ）……91②
観蔵寺（かんぞうじ）……79①
神田川源流（かんだがわげんりゅう）……130①
神田すずらん通り（かんだすずらんどおり）……23②
神田明神（かんだみょうじん）……22②
観明寺（かんみょうじ）……78②
祇園寺（ぎおんじ）……146①
北江古田公園（きたえごたこうえん）……86②
北野神社（きたのじんじゃ）……98①
北の丸公園（きたのまるこうえん）……11①
北桔橋門（きたはねばしもん）……11①
喜多見不動尊（きたみふどうそん）……122①
きたみふれあい広場（きたみふれあいひろば）……122①130②
北山公園（きたやまこうえん）……159②
吉祥院（きちじょういん）……166②
切手の博物館（きってのはくぶつかん）……31②
砧公園（都立）（きぬたこうえん）……119②
絹の道（きぬのみち）……158①
絹の道資料館（きぬのみちしりょうかん）……158①
木の花小路公園（きのはなこみちこうえん）……122②
木場公園（都立）（きばこうえん）……66②
きみちゃん像（きみちゃんぞう）……22①
ギャラクシティ（ぎゃらくしてぃ）……54②
ギャラリーTOM（ぎゃらりー・とむ）……106①
キャロットタワー（きゃろっとたわー）……114②
旧岩崎邸庭園（きゅういわさきていていえん）……22②
旧鎌倉街道（きゅうかまくらかいどう）……138①
旧芝離宮恩賜庭園（都立）
（きゅうしばりきゅうおんしていえん）……14①
旧渋谷川歩道（きゅうしぶやがわほどう）……110②
旧乃木邸（きゅうのぎてい）……26①
旧古河庭園（きゅうふるかわていえん）……42①
旧前田侯爵邸（きゅうまえだこうしゃくてい）……107①
旧安田庭園（きゅうやすだていえん）……62①
教学院（きょうがくいん）……114②
清澄公園（きよすみこうえん）……66①
清澄庭園（都立）（きよすみていえん）……66①
吉良邸跡（きらていあと）……63①
銀座発祥の地碑（ぎんざはっしょうのちひ）……15②
錦糸堀公園（きんしぼりこうえん）……67②
草花丘陵自然公園（都立）
（くさばなきゅうりょうしぜんこうえん）……170①
国木田独歩文学碑（くにきだどっぽぶんがくひ）……134①
くにたち郷土文化館（くにたちきょうどぶんかかん）……142①
九品仏浄真寺（くほんぶつじょうしんじ）……118①
熊谷恒子記念館（くまがいつねこきねんかん）……114①
熊野神社（くまのじんじゃ）……杉並区102①
熊野神社（くまのじんじゃ）……東村山市158②
黒鐘公園（くろがねこうえん）……138①
黒目川合流部（くろめがわごうりゅうぶ）……155②
警察博物館（けいさつはくぶつかん）……14②
ゲートシティ大崎（げーとしてぃおおさき）……99②
華蔵院（けぞういん）……47②
月窓寺（げっそうじ）……122②
源覚寺こんにゃくえんま
（げんかくじこんにゃくえんま）……39①
源空寺（げんくうじ）……42②
憲政記念館（けんせいきねんかん）……10②
小石川後楽園（都立）（こいしかわこうらくえん）……39①
小石川植物園（こいしかわしょくぶつえん）……38①
小泉家屋敷（こいずみけやしき）……158①
広園寺（こうおんじ）……146②
皇居東御苑（こうきょひがしぎょえん）……10①
高源院（こうげんいん）……127①

豪徳寺(ごうとくじ) ……115②
弘福寺(こうふくじ) ……59①
向山庭園(こうやまていえん) ……82②
小金井公園(都立)(こがねいこうえん) ……134①
小金井小次郎の墓(こがねいこじろうのはか) ……126②
小金井神社(こがねいじんじゃ) ……127②
国技館(こくぎかん) ……62①
国際文化会館(こくさいぶんかかいかん)……22①
国分寺薬師堂(こくぶんじやくしどう) ……138①
極楽寺(ごくらくじ) ……147②
国立科学博物館(こくりつかがくはくぶつかん) ……54①
国立競技場(こくりつきょうぎじょう) ……110②
国立自然教育園(こくりつしぜんきょういくえん) ……111①
国立西洋美術館(こくりつせいようびじゅつかん) ……54①
国立代々木競技場(こくりつよよぎきょうぎじょう) ……111②
護国寺(ごこくじ) ……34②
古代オリエント博物館(こだいおりえんとはくぶつかん) …34②
小平中央公園(こだいらちゅうおうこうえん) ……163②
国会議事堂(こっかいぎじどう) ……10②
国会前庭(こっかいぜんてい) ……10②
小塚原刑場跡(こづかっぱらけいじょうあと) ……50②
御殿山(ごてんやま) ……99②
五島美術館(ごとうびじゅつかん) ……119①
五百羅漢道標(ごひゃくらかんどうひょう) ……67②
駒沢緑泉公園(こまざわりょくせんこうえん) ……118②
駒場公園(こまばこうえん) ……106①
駒場野公園(こまばのこうえん) ……107①
小山台遺跡公園(こやまだいいせきこうえん) ……155②
金剛院(こんごういん) ……146②
金剛寺(こんごうじ) ……北区46①
金乗院(こんじょういん) ……目白不動31②
金蔵院(こんぞういん) ……126②
近藤勇生家跡(こんどういさみせいかあと) ……150①
近藤勇の墓(こんどういさみのはか) ……78②

〈さ〉

西光寺(さいこうじ) ……70②
西郷山公園(さいごうやまこうえん) ……107②
西福寺(さいふくじ) ……43②
桜田門(さくらだもん) ……15②
桜橋(さくらばし) ……59①
佐藤記念館(さとうきねんかん) ……114②
実篤公園(さねあつこうえん) ……130②
狭山公園(都立)(さやまこうえん) ……166①
狭山神社(さやまじんじゃ) ……167①
狭山緑地(さやまりょくち) ……166①
猿江恩賜公園(都立)(さるえおんしこうえん) ……67②
猿楽古代住居跡(さるがくこだいじゅうきょあと) ……106②
猿楽塚(さるがくづか) ……107②
サンストリート(さんすとりーと) ……62②
サントリー武蔵野ビール工場
(さんとりーむさしのびーるこうじょう) ……134②
山王日枝神社(さんのうひえじんじゃ) ……10②
三宝寺(さんぽうじ) ……94①
三宝寺池(さんぽうじいけ) ……95①
潮風公園(都立)(しおかぜこうえん) ……18①
下町風俗資料館(したまちふうぞくしりょうかん) ……55①
下町風俗資料館付設展示場・旧吉田家(したまちふうぞくしりょうかんふせつてんじじょう・きゅうよしだけ) ……50①
下谷神社(したやじんじゃ) ……42②
次大夫堀公園(じだゆうぼりこうえん) ……122①
実相院(じっそういん) ……87②
しながわ区民公園(しながわくみんこうえん) ……94②
しながわ水族館(しながわすいぞくかん) ……94②
品川歴史館(しながわれきしかん) ……95②
しのがやと公園(しのがやとこうえん) ……91①
不忍池(しのばずのいけ) ……55①
芝公園(都立)(しばこうえん) ……18②
芝大神宮(しばだいじんぐう) ……18②
柴又帝釈天(しばまたたいしゃくてん) ……78①
しばられ地蔵(しばられじぞう) ……82①
渋沢資料館(しぶさわしりょうかん) ……46①
志村一里塚(しむらいちりづか) ……75②
志村城山公園(しむらしろやまこうえん) ……75②
石神井公園(都立)(しゃくじいこうえん) ……94①
十一ケ寺(じゅういっかじ) ……82②
自由学園明日館(じゆうがくえんみょうにちかん) ……35②
松陰神社(しょういんじんじゃ) ……114②
浄閑寺(じょうかんじ) ……38②
松月院(しょうげついん) ……91①
浄光寺(じょうこうじ) ……50①
静勝寺(じょうしょうじ) ……74②
上水小橋(じょうすいこばし) ……162②
勝専寺(しょうせんじ) ……51②
小川寺(しょうせんじ) ……163②
松濤美術館(渋谷区立)(しょうとうびじゅつかん) ……106①
聖徳寺(しょうとくじ) ……43②
正福寺(しょうふくじ) ……159②
しょうぶ沼公園(しょうぶぬまこうえん) ……86①
常楽院(じょうらくいん) ……75②
乗蓮寺(じょうれんじ) ……90①
昭和館(しょうわかん) ……11②
「食」と「農」の博物館 ……119②
白鬚神社(しらひげじんじゃ) ……59②
真覚寺(しんかくじ) ……146②
神宮外苑のいちょう並木
(じんぐうがいえんのいちょうなみき) ……30①
新左近川親水公園(しんさこんがわしんすいこうえん) ……75①
新宿御苑(しんじゅくぎょえん) ……30①
新宿サザンテラス(しんじゅくさざんてらす) ……31①
新宿中央公園(しんじゅくちゅうおうこうえん) ……35①
真勝院(しんしょういん) ……79①
信松院(しんしょういん) ……146②
真性寺(しんしょうじ) ……43①
真蔵院(しんぞういん) ……135①
深大寺(じんだいじ) ……147①
神代植物公園(都立)(じんだいしょくぶつこうえん) ……147①
新長島川親水公園(しんながしまがわしんすいこうえん) …75①
真福寺(しんぷくじ) ……166②
神明宮(しんめいぐう) ……163②
瑞聖寺(ずいしょうじ) ……103②
水神橋(すいじんばし) ……123①
水生植物園(都立)(すいせいしょくぶつえん) ……146①
水天宮(すいてんぐう) ……67①
杉並区立郷土博物館
(すぎなみくりつきょうどはくぶつかん) ……103①
杉並児童交通公園
(すぎなみじどうこうつうこうえん) ……102①
菅刈公園(すげかりこうえん) ……107②

素戔雄神社(すさのおじんじゃ)……50②
鈴ヶ森刑場跡(すずがもりけいじょうあと)……95②
隅田川大橋(すみだがわおおはし)……67①
隅田川神社(すみだがわじんじゃ)……59②
隅田公園(すみだこうえん)……58①
住吉神社(すみよしじんじゃ)……佃島15①
相撲博物館(すもうはくぶつかん)……62①
諏訪木西公園(すわぎにしこうえん)……55②
諏訪神社(すわじんじゃ)……板橋区90①
諏訪神社(すわじんじゃ)……立川市138②
諏訪神社(すわじんじゃ)……八王子市158①
静嘉堂文庫(せいかどうぶんこ)……123①
誓教寺(せいきょうじ)……42②
成蹊学園・ケヤキ並木
(せいけいがくえん・けやきなみき)……122②
聖徳記念絵画館(せいとくきねんかいがかん)……30①
聖路加ガーデン(せいろかがーでん)……14①
石田寺(せきでんじ)……143②
世田谷区立郷土資料館
(せたがやくりつきょうどしりょうかん)……118②
世田谷城址公園(せたがやじょうしこうえん)……115②
世田谷代官屋敷(せたがやだいかんやしき)……118②
世田谷八幡宮(せたがやはちまんぐう)……115②
世田谷美術館(せたがやびじゅつかん)……119②
世田谷文学館(せたがやぶんがくかん)……126①
泉岳寺(せんがくじ)……98②
浅間神社(せんげんじんじゃ)……杉並区90②
浅間神社(せんげんじんじゃ)……府中市151①
浅間山公園(都立)(せんげんやまこうえん)……151①
専光寺(せんこうじ)……127①
善光寺坂(ぜんこうじざか)……38①
千住大橋(せんじゅおおはし)……50②
千住宿歴史プチテラス
(せんじゅじゅくれきしぷちてらす)……51②
善性寺(ぜんしょうじ)……39②
浅草寺(せんそうじ)……58①
仙台堀川公園(せんだいぼりがわこうえん)……66②
善徳寺(ぜんとくじ)……74②
善福寺(ぜんぷくじ)……22①
善福寺川緑地公園(都立)
(ぜんぷくじがわりょくちこうえん)……102①
善福寺公園(都立)(ぜんぷくじこうえん)……90②
泉龍寺(せんりゅうじ)……131②
禅林寺(ぜんりんじ)……170①
奏楽堂(そうがくどう)……54①
草月会館(そうげつかいかん)……27①
曹源寺(そうげんじ)……42②
雑司ヶ谷鬼子母神(ぞうしがやきしもじん)……35②
雑司ヶ谷旧宣教師館
(ぞうしがやきゅうせんきょうしかん)……34②
雑司ヶ谷霊園(都立)(ぞうしがやれいえん)……34②
増上寺(ぞうじょうじ)……18②
総泉寺(そうせんじ)……74②
滄浪泉園(そうろうせんえん)……126②
即清寺(そくせいじ)……171②

〈た〉

大円寺(だいえんじ)……111①155②
代官山アドレス(だいかんやまあどれす)……106②
第五福竜丸展示館(だいごふくりゅうまるてんじかん)……71①
大昌寺(だいしょうじ)……142②
大多羅法師の井戸(だいだらぼっちのいど)……166②
台場公園(都立)(だいばこうえん)……18①
大名時計博物館(だいみょうどけいはくぶつかん)……51①
ダイヤと花の大観覧車
(だいやとはなのだいかんらんしゃ)……75①
高輪消防署二本榎出張所
(たかなわしょうぼうしょにほんえのきしゅっちょうじょ)
……98②
高輪プリンスホテル貴賓館
(たかなわぷりんすほてるきひんかん)……99②
高橋是清翁記念公園
(たかはしこれきよおうきねんこうえん)……27①
高幡不動尊(たかはたふどうそん)……155①143②
高道東公園(たかみちひがしこうえん)……54②
竹久夢二美術館(たけひさゆめじびじゅつかん)……27②
太宰治レリーフ(だざいおさむれりーふ)……131①
立原道造記念館(たちはらみちぞうきねんかん)……27②
辰巳の森海浜公園(たつみのもりかいひんこうえん)……70①
辰巳の森緑道公園(たつみのもりりょくどうこうえん)……70①
竪川人道橋(たてかわじんどうきょう)……62②
多摩川(たまがわ)……131②
玉川上水緑道(都立)(たまがわじょうすいりょくどう)……163②
玉川神社(たまがわじんじゃ)……118①
玉川水神社(たまがわみずじんじゃ)……171①
多摩湖(たまこ)……166①
多摩市立グリーンライブセンター
(たましりつぐりーんらいぶせんたー)……150②
多摩中央公園(たまちゅうおうこうえん)……151②
多摩美術大学美術館
(たまびじゅつだいがくびじゅつかん)……151②
多磨霊園(都立)(たまれいえん)……151①
多聞寺(たもんじ)……154②
竹林公園(ちくりんこうえん)……154②
千鳥ヶ淵公園(ちどりがふちこうえん)……11②
ちひろ美術館(ちひろびじゅつかん)……95①
長円寺(ちょうえんじ)……167②
長国寺(ちょうこくじ)……38②
長命寺(ちょうめいじ)……墨田区59①
長命寺(ちょうめいじ)……練馬区94①
築地市場(つきじしじょう)……14①
築地本願寺(つきじほんがんじ)……14①
月島西仲通り商店街
(つきしまにしなかどおりしょうてんがい)……15①
佃島(つくだじま)……15①
逓信総合博物館(ていしんそうごうはくぶつかん)……14②
哲学堂公園(てつがくどうこうえん)……99①
寺町通り区民集会所
(てらまちどおりくみんしゅうかいじょ)……126①
伝通院(でんつういん)……38①
天王公園(てんのうこうえん)……50②
天王寺(てんのうじ)……50①
東京イースト21(とうきょういーすとにじゅういち)……66②
東京オペラシティ(とうきょうおぺらしてぃ)……35①
東京競馬場(とうきょうけいばじょう)……134②
東京港野鳥公園(都立)
(とうきょうこうやちょうこうえん)……94②
東京国際フォーラム(とうきょうこくさいふぉーらむ)……15②
東京国立近代美術館

（とうきょうこくりつきんだいびじゅつかん）……11①
東京国立近代美術館工芸館
（とうきょうこくりつきんだいびじゅつかんこうげいかん）
……11①
東京国立博物館（とうきょうこくりつはくぶつかん）……54①
東京女子大学（とうきょうじょしだいがく）……90②
東京染ものがたり博物館
（とうきょうそめものがたりはくぶつかん）……31②
東京大仏（とうきょうだいぶつ）……90①
東京辰巳国際水泳場
（とうきょうたつみこくさいすいえいじょう）……70①
東京タワー（とうきょうたわー）……18②
東京都現代美術館（とうきょうとげんだいびじゅつかん）……66②
東京都写真美術館（とうきょうとしゃしんびじゅつかん）……23①
東京都水道歴史館（とうきょうとすいどうれきしかん）……26②
東京都庁（とうきょうとちょう）……35①
東京都庭園美術館
（とうきょうとていえんびじゅつかん）……111①
東京都美術館（とうきょうとびじゅつかん）……54①
東京都埋蔵文化財調査センター
（とうきょうとまいぞうぶんかざいちょうさせんたー）……151②
東京都薬用植物園
（とうきょうとやくようしょくぶつえん）……162②
東京武道館（とうきょうぶどうかん）……86①
東光寺（とうこうじ）……78②
東郷神社（とうごうじんじゃ）……110②
道場寺（どうじょうじ）……94①
東禅寺（とうぜんじ）……98②
東福寺（とうふくじ）……86②
東武博物館（とうぶはくぶつかん）……59②
徳寿院（とくじゅいん）……54②
徳蔵寺（とくぞうじ）……159②
徳田秋声旧居（とくだしゅうせいきゅうきょ）……26②
戸栗美術館（とぐりびじゅつかん）……106①
とげぬき地蔵（高岩寺）（とげぬきじぞう）……43①
としまえん（としまえん）……82②
都電荒川車庫（とでんあらかわしゃこ）……47②
等々力渓谷（とどろきけいこく）……118①
等々力不動（とどろきふどう）……119①
舎人公園（都立）（とねりこうえん）……55②
殿ケ谷戸庭園（都立）（とのがやとていえん）……139①126②
飛不動（とびふどう）……38②
富岡八幡宮（とみおかはちまんぐう）……66①
戸山公園（都立）（とやまこうえん）……30②
豊川稲荷（とよかわいなり）……27①
寅さん記念館（とらさんきねんかん）……78①
鳥居坂（とりいざか）……22①
鳥越神社（とりごえじんじゃ）……43②
どんぐり山児童遊園（どんぐりやまじどうゆうえん）……91②
〈な〉
中野区立歴史民俗資料館
（なかのくりつれきしみんぞくしりょうかん）……87②
中村研一記念美術館
（なかむらけんいちきねんびじゅつかん）……127②
七国自然苑（ななくにしぜんえん）……163①
名主の滝公園（なぬしのたきこうえん）……47①
鍋島松濤公園（なべしましょうとうこうえん）……106①
南蔵院（なんぞういん）……83②
南養寺（なんようじ）……142①
ニコライ堂（にこらいどう）……23②
西新井大師（にしあらいだいし）……54②
西亀有せせらぎ公園（にしかめありせせらぎこうえん）……71②
日仏会館（にちふつかいかん）……23①
新田義貞公之像（にったよしさだこうのぞう）……135②
二の丸庭園（にのまるていえん）……10①
日本科学未来館（にほんかがくみらいかん）……19①
日本カメラ博物館（にほんかめらはくぶつかん）……10②
日本銀行（にほんぎんこう）……14②
日本点字図書館（にほんてんじとでょかん）……30②
日本橋（にほんばし）……14②
日本民芸館（にほんみんげいかん）……107①
貫井神社（ぬくいじんじゃ）……126②
根川緑道（ねがわりょくどう）……138②
ねぎし三平堂（ねぎしさんぺいどう）……39②
根津神社（ねづじんじゃ）……51①
根津美術館（ねづびじゅつかん）……26①
練馬区郷土資料室（ねりまくきょうどしりょうしつ）……94①
練馬区立温室植物園
（ねりまくりつおんしつしょくぶつえん）……91①
練馬区立美術館（ねりまくりつびじゅつかん）……83②
野川（のがわ）……146①
野川公園（都立）（のがわこうえん）……150①
乃木神社（のぎじんじゃ）……26①
野口英世記念会館（のぐちひでよきねんかいかん）……30①
野毛大塚古墳（のげおおつかこふん）……119①
野火止用水（のびどめようすい）……162②
野山北公園（都立）（のやまきたこうえん）……167②
〈は〉
梅岩寺（ばいがんじ）……東村山市158②
白山神社（はくさんじんじゃ）……練馬区82②
白山神社（はくさんじんじゃ）……東村山市158②
白山神社（はくさんじんじゃ）……文京区38①
はけの道（はけのみち）……127②
馬事公苑（ばじこうえん）……119②
芭蕉記念館（江東区立）（ばしょうきねんかん）……67①
長谷川町子美術館（はせがわまちこびじゅつかん）……118②
幡ケ谷不動尊（はたがやふどうそん）……35①
八王子市郷土資料館
（はちおうじしきょうどしりょうかん）……146②
八国山緑地（都立）（はちこくやまりょくち）……159②
八幡神社（はちまんじんじゃ）……83②
八幡八雲神社（はちまんやくもじんじゃ）……147②
八芳園（はっぽうえん）……102②
鳩森八幡神社（はとのもりはちまんじんじゃ）……110②
花やしき（はなやしき）……58①
羽根木公園（はねぎこうえん）……115②
馬場大門けやき並木（ばばだいもんけやきなみき）……134②
浜離宮庭園（都立）（はまりきゅうていえん）……14①
羽村市郷土博物館（はむらしきょうどはくぶつかん）……170①
羽村取水堰（はむらしゅすいせき）……171①
原美術館（はらびじゅつかん）……99②
播磨坂（はりまざか）……38①
パルテノン多摩（ぱるてのんたま）……150②
パレットタウン（ぱれっとたうん）……19①
東綾瀬公園（都立）（ひがしあやせこうえん）……86①
東板橋公園（ひがしいたばしこうえん）……79②
東白鬚公園（都立）（ひがししらひげこうえん）……59②
東伏見稲荷神社（ひがしふしみいなりじんじゃ）……123②

東村山ふるさと歴史館
（ひがしむらやまふるさとれきしかん）……158②
東大和公園(都立)（ひがしやまとこうえん）……167①
東大和市立郷土博物館
（ひがしやまとしりつきょうどはくぶつかん）……166①
光が丘公園(都立)（ひかりがおかこうえん）……91①
氷川神社（ひかわじんじゃ）……中野区99①
氷川神社（ひかわじんじゃ）……練馬区95①
氷川神社（ひかわじんじゃ）……東久留米市154②
曳舟川親水公園（ひきふねがわしんすいこうえん）……70②
樋口一葉旧居跡（ひぐちいちようきゅうきょあと）……26②
土方歳三資料館（ひじかたとしぞうしりょうかん）……143②
一橋大学（ひとつばしだいがく）……143①
人見稲荷神社（ひとみいなりじんじゃ）……151①
ひなた村（ひなたむら）……163①
日向和田臨川庭園（ひなたわだりんせんていえん）……170②
日野宿本陣跡（ひのじゅくほんじんあと）……142②
日野の渡し跡（ひののわたしあと）……139②
日比谷公園（ひびやこうえん）……15②
平塚神社（ひらつかじんじゃ）……42①
ヒルサイドテラス（ひるさいどてらす）……106②
広尾駅周辺（ひろおえきしゅうへん）……23①
深川不動尊（ふかがわふどうそん）……66①
普済寺（ふさいじ）……138②
富士塚（ふじづか）……39・90・110・158②
府中市郷土の森博物館
（ふちゅうしきょうどのもりはくぶつかん）……135②
府中市民健康センター・いこいの森
（ふちゅうしみんけんこうせんたー・いこいのもり）……135②
船の科学館（ふねのかがくかん）……19①
分倍河原古戦場碑（ぶばいがわらこせんじょうひ）……135②
普門院（ふもんいん）……62②
プラチナストリート（ぷらちなすとりーと）……103②
ふるさと農具館（ふるさとのうぐかん）……162①
文化学院（ぶんかがくいん）……23②
Bunkamura（ぶんかむら）……106①
文京一葉会館（ぶんきょういちようかいかん）……27②
文京シビックセンター（ぶんきょうしびっくせんたー）……39①
文京ふるさと歴史館（ぶんきょうふるさとれきしかん）……26②
文士村レリーフ（ぶんしむられりーふ）……115①
遍照寺（へんしょうじ）……78②
法恩寺（ほうおんじ）……63②
宝生院（ほうしょういん）……79①
法乗院えんま堂（ほうじょういんえんまどう）……66①
宝泉寺（ほうせんじ）……142②
宝蔵院（ほうぞういん）……47②
鳳明館（ほうめいかん）……26②
法立寺（ほうりつじ）……86①
法蓮寺（ほうれんじ）……147②
北とぴあ（ほくとぴあ）……47①
細川邸のシイ（ほそかわていのしい）……98②
堀切四季のみち（ほりきりしきのみち）……70②
堀切菖蒲園（ほりきりしょうぶえん）……70②
本行寺（ほんぎょうじ）……50①
本町田遺跡公園（ほんまちだいせきこうえん）……163①
本門寺（ほんもんじ）……114①
本門寺公園（ほんもんじこうえん）……114①
本立寺（ほんりゅうじ）……147②

〈ま〉

まいまいず井戸（まいまいずいど）……170①
将門首塚（まさかどくびづか）……14②
真姿弁財天（ますがたべんざいてん）……139①
町田市立博物館（まちだしりつはくぶつかん）……163①
町田ダリア園（まちだだりあえん）……163①
町田ぼたん園（まちだぼたんえん）……162①
町田リス園（まちだりすえん）……162①
松浦の鐘（まつうらのかね）……82①
松岡美術館（まつおかびじゅつかん）……103②
松ノ木遺跡（まつのきいせき）……102①
ママ下湧水（ましたゆうすい）……142①
満願寺（まんがんじ）……118①
萬福寺（まんぷくじ）……大田区115①
万福寺（まんぷくじ）……葛飾区79①
万葉植物園（まんようしょくぶつえん）……138①
水織音さしえ美術館（みおりねさしえびじゅつかん）……170②
三嶋神社（みしまじんじゃ）……171②
水稲荷神社（みずいなりじんじゃ）……31②
水元公園(都立)（みずもとこうえん）……82①
三鷹の森ジブリ美術館
（みたかのもりじぶりびじゅつかん）……130①
南沢緑地保全地域（みなみさわりょくちほぜんちいき）……154②
三囲神社（みめぐりじんじゃ）……59①
妙義神社（みょうぎじんじゃ）……42①
妙源寺（みょうげんじ）……70②
明照院（みょうしょういん）……130②
妙正寺（みょうしょうじ）……91②
妙正寺公園（みょうしょうじこうえん）……91②
妙薬寺（みょうやくじ）……147②
むいから民家園（むいからみんかえん）……131②
向井潤吉アトリエ館（むかいじゅんきちあとりえかん）……118②
向島百花園(都立)（むこうじまひゃっかえん）……58②
武蔵国分寺跡（むさしこくぶんじあと）……138①
武蔵関公園（むさしせきこうえん）……123②
武蔵野稲荷神社（むさしのいなりじんじゃ）……86②
武蔵野公園(都立)（むさしのこうえん）……150①
武蔵野中央公園(都立)
（むさしのちゅうおうこうえん）……123②
武蔵野八幡宮（むさしのはちまんぐう）……122②
武蔵村山市立歴史民俗資料館
（むさしむらやましりつれきしみんぞくしりょうかん）……167②
武者小路実篤記念館
（むしゃのこうじさねあつきねんかん）……130②
村山織物協同組合資料室
（むらやまおりものきょうどうくみあいしりょうしつ）……167②
目青不動（めあおふどう）……教学院114②
明治学院（めいじがくいん）……102②
明治神宮（めいじじんぐう）……34①
明治大学博物館（めいじだいがくはくぶつかん）……23②
明治寺（めいじでら）……87②
明白院（めいばくいん）……170②
目黒寄生虫館（めぐろきせいちゅうかん）……110①
目黒区民センター（めぐろくみんせんたー）……111①
目黒不動尊（めぐろふどうそん）……110①
目白不動（めじろふどう）……金乗院31②
百草園（もぐさえん）……154①
百草台自然公園（もぐさだいしぜんこうえん）……155①
百草八幡神社（もぐさはちまんじんじゃ）……155①

〈や〉

矢川いこいの広場（やがわいこいのひろば）……………142①
矢川緑地保全地域
（やがわりょくちほぜんちいき）……………142①139②
薬師池公園（やくしいけこうえん）……………162①
靖国神社（やすくにじんじゃ）……………11②
谷中公園（やなかこうえん）……………86①
谷中霊園（都立）（やなかれいえん）……………50①
谷保天満宮（やほてんまんぐう）……………143①
山種美術館（やまたねびじゅつかん）……………11②
山の上ホテル（やまのうえほてる）……………23②
山本亭（やまもとてい）……………78①
山本有三記念館（やまもとゆうぞうきねんかん）……………131①
弥生美術館（やよいびじゅつかん）……………27②
湯島聖堂（ゆしませいどう）……………22②
湯島天神（ゆしまてんじん）……………22②
夢の島公園（都立）（ゆめのしまこうえん）……………70①
夢の島熱帯植物園（ゆめのしまねったいしょくぶつえん）…71①
浴恩館公園（よくおんかんこうえん）……………135①
横網町公園（都立）（よこあみちょうこうえん）……………62①
横十間川親水公園
（よこじゅっけんがわしんすいこうえん）……………66②
横山大観記念館（よこやまたいかんきねんかん）……………27②
吉川英治記念館（よしかわえいじきねんかん）……………171②
吉野梅郷（よしのばいごう）……………171②
吉原弁財天（よしわらべんざいてん）……………38②
四谷大木戸跡（よつやおおきどあと）……………30①
代々木公園（都立）（よよぎこうえん）……………111②
代々木八幡神社（よよぎはちまんじんじゃ）……………111②

〈ら〉

六義園（都立）（りくぎえん）……………43①
リバーピア吾妻橋（りばーぴああづまばし）……………59①
立行寺（りゅうぎょうじ）……………102②
龍源寺（りゅうげんじ）……………150①
龍子記念館（りゅうしきねんかん）……………114①
龍福寺（りゅうふくじ）……………74②
良観寺（りょうかんじ）……………79①
両国公園（りょうごくこうえん）……………62①
臨海町緑道（りんかいちょうりょくどう）……………75①
林試の森公園（都立）（りんしのもりこうえん）……………110①
レインボーブリッジ（れいんぼーぶりっじ）……………18①
礫川公園（れきせんこうえん）……………39①
蓮華寺（れんげじ）……………99①
蓮花寺（れんげじ）……………58②
蓮光寺（れんこうじ）……………71②
蘆花恒春園（都立）（ろかこうしゅんえん）……………126①
六郷用水跡地（ろくごうようすいあとち）……………122①
六区ブロードウェイ（ろっくぶろーどうぇい）……………58①
露伴児童遊園（ろはんじどうゆうえん）……………58②

〈わ〉

早稲田大学（わせだだいがく）……………30②
和田倉噴水公園（わだくらふんすいこうえん）……………10①
和田堀公園（都立）（わだぼりこうえん）……………103①

J GUIDE
散歩シリーズ

新版 東京さわやか散歩 1 41コース

取材・執筆・写真――豊仲明子+中原義之+紀村朋子+中島千鶴子+岩浪和俊+桑子 登
装丁・本文デザイン ―奥谷 晶
索引地図・交通図制作 ㈲クリエイト・ユー(吉田 寿)
本文地図制作――㈲クリエイト・ユー(戸田 薫)
DTP ――㈲クリエイト・ユー(山本正浩)
編集――中尾武治

2006年2月 初版第1刷発行① ISBN4-635-01159-3

編 集――山と溪谷社出版部
発行者――川崎吉光
発行所――株式会社 山と溪谷社
〒107-8410 東京都港区赤坂1-9-13三会堂ビル1階
http://www.yamakei.co.jp/
編集部☎03-6234-1614
営業部☎03-6234-1602
印刷・製本――図書印刷株式会社